CAMBIA
TU
ENTORNO,
CAMBIA
TU VIDA

Título original: WILL POWER DOESN'T WORK
Traducido del inglés por Antonio Luis Gómez Molero
Diseño de portada: Editorial Sirio, S.A.
Diseño y maquetación de interior: Toñi F. Castellón

© de la edición original
    2018 Benjamin Hardy

© de la presente edición
    EDITORIAL SIRIO, S.A.
    C/ Rosa de los Vientos, 64
    Pol. Ind. El Viso
    29006-Málaga
    España

www.editorialsirio.com
sirio@editorialsirio.com

I.S.B.N.: 978-84-17399-54-2
Depósito Legal: MA-688-2019

Impreso en Imagraf Impresores, S. A.
c/ Nabucco, 14 D - Pol. Alameda
29006 - Málaga

Impreso en España

Puedes seguirnos en Facebook, Twitter, YouTube e Instagram.

Dr. BENJAMIN HARDY

CAMBIA TU ENTORNO, CAMBIA TU VIDA

LA FUERZA DE VOLUNTAD
YA NO ES SUFICIENTE

EDITORIAL
SIRIO

ÍNDICE

Si no creamos y controlamos nuestro entorno,
nuestro entorno nos crea y nos controla a nosotros.

Doctor Marshall Goldsmith

POR QUÉ NO SIRVE LA FUERZA DE VOLUNTAD

L a fuerza de voluntad no sirve.

Seamos sinceros: has tratado de mejorar tu vida un millón de veces, y un millón de veces has regresado, frustrado, a la casilla de salida. Has intentado abandonar un hábito perjudicial a fuerza de voluntad, pero has vuelto a las viejas costumbres. Te has hecho tus propósitos de Año Nuevo, pero para febrero todo está como el año anterior. Te has marcado objetivos importantes que pueden transformar tu vida, pero parece que a pesar de lo mucho que te esfuerzas no llegas a alcanzarlos. Tras bastantes fracasos, es fácil llegar a la conclusión de que el problema eres tú. Que no tienes lo que hay que tener: las agallas, la fuerza interior, la fuerza de voluntad. Quizá deberías conformarte con la vida que tienes...

Pero ¿y si esa apreciación fuera completamente errónea?

¿Y si el problema no fueras tú?

Fíjate en el ejemplo, tan generalizado, de los esfuerzos por adelgazar. Una gran parte de la población mundial aumenta cada vez más de peso, incluso pese a hacer más ejercicio y esforzarse por adelgazar. Nos gastamos miles de millones en dietas de moda y gimnasios... y ¿para qué? Según varios expertos en salud, se prevé que para el 2025, más de la mitad de la población mundial será obesa o tendrá sobrepeso. Y lo peor es que los que más se esfuerzan son los que experimentan más dificultades. Hay diversas explicaciones para esta crisis global, por ejemplo la genética, la personalidad, la falta de fuerza de voluntad o los malos hábitos. Pero nada de esto causa la actual epidemia de obesidad. La causa está en nuestro entorno en plena transformación.

A finales del siglo XIX y principios del XX, se llevó a cabo la industrialización, y una gran parte de la población pasó del campo a las ciudades. En lugar de al aire libre como los agricultores, la tendencia en los últimos cien años ha sido trabajar bajo techo, generalmente sentado. En lugar de prepararse la comida, la mayoría de la gente opta por la comida preparada.

Aunque la revolución industrial supuso un enorme cambio en nuestro entorno, ha sido la era tecnológica y de la información, a partir de los años ochenta y noventa, la que ha acelerado los cambios que propiciaron el entorno global de hoy en día. El avance tecnológico está progresando ahora a un ritmo exponencialmente más rápido, y muy pocos seres humanos pueden adaptarse a los cambios que actualmente están dando forma a nuestro entorno.

La mayoría de la población es víctima de estos rápidos cambios. No está equipada para lidiar adecuadamente con un mundo nuevo en el que rigen nuevas reglas, y así, mucha gente sucumbe a diversas adicciones, principalmente a la tecnología, pero también a estimulantes como la cafeína, a alimentos de rápida absorción que contienen elevadas cantidades de carbohidratos y azúcar, y al trabajo.

Todas estas adicciones culturalmente aceptadas se alimentan unas a otras y suponen un estrés y una privación del sueño constantes. Dicho de otro modo, la mayoría estamos en modo de supervivencia. Ser adicto se ha convertido en algo normal, y si quieres controlar tu vida, la fuerza de voluntad no es la estrategia idónea para conseguirlo. Estamos sometidos a muchas presiones en nuestro entorno. En palabras del doctor Arnold M. Washton, experto en adicciones, «muchos creen que lo que el adicto necesita es fuerza de voluntad, pero no podrían estar más equivocados».

La clave para salir del modo de supervivencia y superar las adicciones culturales no consiste en desarrollar más fuerza de voluntad. Tu fuerza de voluntad ha desaparecido. Desapareció en el momento en que despertaste y te viste absorbido por tu *smartphone*. Desapareció al verte bombardeado por un sinfín de opciones y decisiones. Tratar de cambiar a base de esfuerzo y tensión no sirve de nada. Nunca ha servido. En lugar de eso, tienes que crear y controlar tu entorno.

LA FUERZA DE VOLUNTAD NO SIRVE

La fuerza de voluntad, o el poder de ejercer el libre albedrío contra los obstáculos internos o externos, es un concepto que se ha expandido recientemente en el mundo psicológico. Y lo ha hecho con ímpetu. Según la encuesta anual sobre el estrés en Estados Unidos de la Asociación Estadounidense de Psicología, la falta de fuerza de voluntad se cita frecuentemente como la razón principal de no alcanzar las metas. Investigadores de todo el mundo están estudiando cómo se desarrolla la fuerza de voluntad y cómo se supera el hecho de carecer de ella. Hablando claro, la fuerza de voluntad es para quienes no han decidido realmente lo que quieren en sus vidas. Si te ves obligado a desarrollar tu fuerza de voluntad para hacer algo, obviamente hay un conflicto en tu interior. Quieres comerte la galleta, pero también quieres estar sano. Quieres centrarte en el trabajo, pero también quieres ver ese vídeo de YouTube. Quieres estar presente con tus hijos, pero no puedes dejar de mirar tu móvil.

Según los estudios psicológicos, tu fuerza de voluntad es como un músculo. Es un recurso finito que se agota con el uso. A consecuencia de esto, al final de un día extenuante, los músculos de tu fuerza de voluntad están exhaustos, y quedas relegado a tu yo desnudo e indefenso, sin ningún control para resistir las ganas de asaltar el frigorífico y de dedicarte a perder el tiempo.

Al menos, eso es lo que te han enseñado.

Claramente, las investigaciones sobre la fuerza de voluntad explican el comportamiento humano. Pero solo a nivel superficial. El hecho mismo de que se requiera la fuerza de voluntad puede deberse a diversos motivos:

- *No sabes lo que quieres* y por lo tanto tienes un conflicto interno.
- Tu deseo (tu *porqué*) no es lo suficientemente intenso.
- No estás comprometido contigo mismo y tus sueños.
- Tu entorno se opone a tu objetivo.

Una vez que sorteas estos cuatro obstáculos, se acaba el debate interno y tomas todas las decisiones futuras necesarias. No hay preguntas.

De manera que ¿vas en serio, o solo estás hablando por hablar?

¿Sigues indeciso, o ya te has decidido?

Mientras no te decidas, tendrás que recurrir a la fuerza de voluntad y tu progreso será mínimo.

A la hora de alcanzar metas, tomar decisiones comprometidas implica:

- Invertir por adelantado.
- Hacerlo público.
- Establecer un plazo.
- Instalar sistemas de retroalimentación/rendición de cuentas.
- Eliminar o alterar todo lo que haya en tu entorno que se oponga a tu compromiso.

El verdadero compromiso significa que en lugar de depender únicamente de tu propia resolución y fuerza interna, has construido diversos sistemas de *defensa externos* en torno a tus objetivos. Significa que has creado condiciones para que el logro de esos objetivos sea inevitable. El engranaje se ha puesto en marcha. Ahora no tienes más que actuar de acuerdo con tus deseos más elevados. Hay mucho en juego si no lo haces.

PUEDES CREAR UN ENTORNO QUE FOMENTE Y MANTENGA EL ÉXITO

Nos adaptamos a nuestro entorno. Por lo tanto, una evolución personal *consciente* implica el control y la creación de ambientes que nos hagan ser quienes queremos llegar a ser. Todo en la vida es un proceso natural y orgánico. Nos adaptamos y evolucionamos basándonos en los entornos que seleccionamos.

Eres quien eres debido a lo que te rodea.

¿Quieres cambiar? Cambia tu entorno. Abandona la locura de la fuerza de voluntad.

Estas ideas se oponen a una gran cantidad de consejos de autoayuda, que tienden a centrarse en lo que *tú* puedes hacer, por y para ti mismo. El omnipresente consejo de la autoayuda es enfocarse en uno mismo. Tiene su lógica, ya que vivimos en una cultura tremendamente individualista. Nos han acostumbrado a ignorar todo lo demás y a obsesionarnos con nosotros mismos.

El diseño del entorno es diferente. Se trata de crear circunstancias que hagan inevitable tu éxito. Por ejemplo, si deseas centrarte en el trabajo, elimina todas las distracciones de tu espacio de trabajo físico y digital. Si quieres comer de manera sana, deshazte de todos los alimentos nocivos para la salud que haya en tu hogar. Si quieres tener ideas creativas, sal de la ciudad y dedica un día o dos a relajarte. Si quieres estar más motivado, asume una mayor responsabilidad y redobla la apuesta para que puedas conseguir un éxito mayor o, de lo contrario, fracasarás estrepitosamente.

Quienes se centran en el diseño del entorno reconocen que no hay líneas claras de demarcación que separen nuestros mundos interno y externo. Aunque la investigación psicológica, por ejemplo, distingue entre la motivación intrínseca y la extrínseca, la realidad es que el juego interno y el externo se influyen entre sí. Cuando cambias de entorno, como sucede al entrar en un círculo diferente de amistades, tus pensamientos y emociones cambian. Luego estos cambios internos modifican tus valores y aspiraciones, lo que te lleva a transformar aún más tu ambiente externo. Por lo tanto, es mediante el ajuste de las circunstancias como modelas activamente el ser en el que te vas convirtiendo.

Diseñas activamente tu perspectiva vital al elegir lo que dejas entrar en ti de fuera, como la información que te llega, los lugares que visitas y las experiencias que vives. Pero la mayoría de la gente reacciona de forma automática e inconsciente a cualquier entorno en el que se encuentre, desarrollando así una perspectiva vital que conduce a una conducta ineficaz y al victimismo.

En un sentido estricto, todos tenemos entornos internos, externos e interpersonales. Sin embargo, en aras de la simplicidad, por *entorno* en este libro me refiero al *externo*, no al interno. Por ejemplo, tu entorno incluye los lugares por los que te mueves, las personas con las que decides establecer relaciones, la información que dejas entrar del exterior, los alimentos que consumes y la música que escuchas.

Lo externo *da forma* a lo interno. Dicho de manera más sencilla: tu visión del mundo, tus creencias y valores no se originaron en ti, sino *fuera de ti*. De pertenecer a la raza blanca y haberte criado en el sur de Estados Unidos durante la pasada década de los cincuenta, tu visión del mundo habría sido determinada por esa perspectiva. Lo mismo podría decirse si hubieras crecido en Europa durante la Edad Media, o en Corea del Norte, en pleno régimen comunista, o en 2005, con acceso a Internet desde la más tierna infancia. Tus objetivos, creencias y valores vienen determinados por el contexto cultural en el que vives.

A pesar de que el entorno pueda ser extremo o estresante, lo cierto es que *no* es tu enemigo. En la cultura occidental, especialmente en los círculos psicológicos y de superación personal, se lo ha vilipendiado. Tal vez el consejo más común entre estos grupos es que «seas un producto de tus decisiones, no de tus circunstancias». A nivel superficial, realmente se trata de un consejo bastante bueno. Sin embargo, también es ingenuo e inexacto. Sí, tal y como explican muchos libros de autoayuda, tu vida es el producto de tus pensamientos y decisiones. Sin embargo, ¿de dónde vienen esos pensamientos y decisiones? No surgen de la nada. Moldeas el jardín de tu mente cultivando elementos específicos de tu entorno, como tus lecturas, tus experiencias y la gente de la que te rodeas.

Como veremos, al modelar directamente tu entorno, modelarás indirectamente tus pensamientos y tu conducta. Es más, crearás las condiciones que faciliten la conducta deseada, que en circunstancias normales es opcional. Cuando modeles tu entorno, adquirirás un mayor control sobre tus pensamientos y opciones. Así, en lugar de convertir el entorno o las circunstancias en tu enemigo, como tradicionalmente aconseja la autoayuda, es importante comprender que en realidad *la única manera* en que puedes cambiar de verdad como persona es por medio de tu entorno. Cambias a través de nueva información, nuevas relaciones y nuevas experiencias. Debes elegir y plantar las semillas apropiadas de tu entorno para hacer de tu vida un jardín generoso. Aunque es verdad que la mayoría de los entornos conducen a una versión de ti mismo alejada de tu ideal e insatisfactoria, si lo que quieres es crecer, obviar el entorno o las circunstancias no solo es imposible, sino también estúpido. Tu entorno puede convertirse en tu mejor amigo. Y como verás, tú y tu entorno sois uno.

SI NO MODELAS TU ENTORNO, ÉL TE MODELARÁ A TI

A diferencia de las recomendaciones comunes de superación personal, como el desarrollo de la fuerza de voluntad y el cambio de actitud, que a menudo se ponen en práctica en un entorno negativo y contraproducente, cuando modelas deliberadamente tu entorno, puedes dar saltos radicales y cuánticos en tu desarrollo. Si así lo deseas, puedes colocarte proactivamente en situaciones que exigen diez o cien veces más que aquellas con las que habías tratado antes.

¿Cómo? Te adaptas a tu nuevo entorno.

La clave del éxito consiste en buscar situaciones altamente exigentes y en adaptarse luego de manera consciente a ellas. Charles Darwin afirmó: «La especie que sobrevive no es la más fuerte, ni la más inteligente, sino la que mejor se adapta al cambio».

En realidad, es extraordinario lo rápido que podemos pasar de adaptarnos a un entorno a adaptarnos a otro. Los seres humanos somos altamente flexibles. Por ejemplo, Viktor Frankl reflexionó sobre su experiencia en un campo de concentración nazi durmiendo *cómodamente* junto a otras nueve personas en una cama pequeña. En su obra *El hombre en su búsqueda de significado*, escribió: «Sí, una persona puede acostumbrarse a cualquier cosa, pero no me pregunte cómo».

No importa lo grande que sea el salto de un entorno a otro (y, en el caso de Frankl, no importa lo horrible que sea el ambiente), siempre es posible adaptarse. En lugar de adaptarte a un entorno negativo, como está haciendo la mayoría de la población global, puedes adaptarte a cualquier ambiente que elijas.

Este libro te enseñará *cómo* crear tu entorno con una finalidad. También te explicará *por qué* tu entorno te condiciona. Uno de sus objetivos primordiales es demostrarte que puedes cambiar tanto de manera superficial como profunda, un cambio radical. No eres un ser fijo, independiente e inmutable. A nivel psicológico, intelectual, emocional y espiritual, la influencia de tu educación es muy superior a la de tu naturaleza. Y eres totalmente responsable de tu educación; de manera que puedes decidir en quién te conviertes. Cuando termines de leer este libro, te quedarás sin excusas. Ya no podrás echarle la culpa a tu ADN, tu pasado o cualquiera de las demás razones por las que crees que estás estancado. Al contrario, comprenderás los principios necesarios para diseñar los entornos que en última instancia te crearán a ti y contarás con las estrategias que te ayudarán a hacerlo.

Primera parte

TU ENTORNO TE DETERMINA

Capítulo uno

TODO HÉROE ES PRODUCTO DE UNA SITUACIÓN

Entiende el poder de lo que te rodea

El historiador Will Durant dedicó más de cuatro décadas a estudiar la historia del mundo y a registrar sus conclusiones en una obra maestra de once volúmenes titulada *La historia de la civilización*. Cubrió prácticamente la totalidad de la historia humana. Examinó los momentos grandiosos y característicos y, lo más importante, estudió a los personajes más grandes e influyentes que el mundo ha conocido.

Y tras esos miles de horas de estudio y lectura concentrada, llegó a la conclusión, un tanto sorprendente, de que no fueron esos gigantes quienes configuraron la historia. La historia no es un trozo de arcilla en la que alguien deje su huella. No; de hecho, Durant concluyó que no eran los grandes hombres los que la moldeaban, sino más bien las *situaciones* acuciantes.

Descubrió que la *necesidad* es el ingrediente más importante de la fórmula para la grandeza, no el talento particular de un individuo ni la visión de un líder solitario actuando por su cuenta.

A muchos no nos gusta oír esto.

Como sociedad, tendemos a obsesionarnos con los individuos e ignorar el contexto que los rodea y los condiciona. Nuestras películas ponen de relieve el carisma y el talento de quienes realizan hazañas impresionantes o aparentemente imposibles. Creemos en el viaje del héroe. Nos preguntamos si su talento era genético o aprendido... o, en algunos casos, el resultado de drogas que incrementan el rendimiento. Las librerías están repletas de libros que proclaman las características individuales que necesitamos para convertirnos en superhéroes: la fuerza de voluntad, la determinación, la autoestima, la disciplina...

En nuestra cultura individualista, solemos creer que nuestro entorno es algo separado y distinto de nosotros. Que, de algún modo, no nos afecta en absoluto. La verdad es que tú y tu entorno sois dos partes de un mismo todo. Quién eres y lo que puedes hacer en una situación es completamente diferente de quién eres y lo que puedes hacer en otra. Sin embargo, la mentalidad occidental consiste precisamente en aislar y descontextualizar, ya se trate de variables en un laboratorio científico o de nosotros mismos. Se nos da maravillosamente bien meter cosas en cajas sin tener en cuenta la interrelación *entre* ellas.

Esta visión individualista del mundo está profundamente arraigada, y de hecho nos cuesta mucho pensar de otra manera o incluso entender la noción de que quizá esta no sea toda la historia. En palabras del psicólogo Timothy Wilson:

> Las personas actúan como actúan debido a las características de su personalidad y a su actitud, ¿verdad? Te devuelven una cartera perdida porque son honradas, reciclan su basura porque les importa el medioambiente y pagan casi cinco euros por un *caramel brulée latte** porque les gustan los cafés caros [...] Con frecuencia nuestro comportamiento está condicionado por presiones sutiles a nuestro alrededor, pero no somos conscientes de esas presiones. Por eso, creemos erróneamente que nuestra conducta emana de una determinada disposición interna.

Desgraciadamente, la alternativa generalizada al individualismo extremo es el determinismo absoluto, que contempla a las personas como autómatas sin voluntad ni postura propia. El argumento de este libro es que *ambas* visiones extremistas son erróneas y peligrosas. Sin lugar a dudas, todos estamos determinados por nuestro entorno. Sin embargo, todos poseemos además un gran poder para crear y controlar ese entorno que en último término nos da forma.

---

* N. del T.: mezcla de café expreso con el clásico caramelo *Butterscotch*.

Un entrevistador trató de refutar la teoría de Durant, que defiende la idea de que los entornos son decisivos en la creación de la grandeza, con la pregunta: «¿No han sido ciertos individuos, los genios, los grandes hombres o los héroes, como creía Carlisle, los principales determinantes de la historia humana?».

La respuesta de Durant es la base de las ideas de este libro:

> Creo que Carlisle se equivocaba [...] *el héroe es producto de una situación* en lugar de que los resultados sean producto de un héroe. *Es la exigencia lo que pone de manifiesto las cualidades excepcionales de un hombre* [...] [El héroe] cumple la función de *enfrentarse a una situación que exige* toda su capacidad potencial [...] Creo que la capacidad del hombre medio podría duplicarse si se le exigiera, si la situación lo exigiera [las cursivas son mías].

EL PODER DE LO QUE NOS RODEA

Está claro que esta no era solo la especulación anecdótica de un historiador. La idea de Durant de que las situaciones son las que configuran la historia (y a la gente) ha sido confirmada científicamente en épocas más recientes. Veamos, por ejemplo, el Proyecto de Igualdad de Oportunidades, un estudio revolucionario realizado por los economistas de la Universidad de Harvard Raj Chetty y Nathaniel Hendren, que definió la probabilidad de que una persona mejorara su situación económica en Estados Unidos.

Los resultados son descorazonadoramente claros e impactantes: tus probabilidades de mejorar tu situación socioeconómica dependen fuertemente del estado e incluso del condado específico dentro de ese estado en el que vives. En algunos condados tienes la opción de luchar por mejorar tu situación económica, mientras que en otros tus oportunidades son escasas, prácticamente nulas. Tu entorno específico de origen provoca un impacto directo y evaluable en el resto de tu vida, a menos que hagas algo por cambiarlo.

Otros estudios han confirmado esa frase ampliamente citada del autor y orador Jim Rohn de que somos «la media de las cinco personas con las que pasamos más tiempo». Resulta que también somos la media de las cinco personas con las que cada uno de nuestros cinco amigos pasa más tiempo. Por ejemplo, si el amigo de tu amigo engorda, las probabilidades de que tú engordes de forma poco saludable se disparan. A esto se lo llama *conexión negativa secundaria*, que con frecuencia es más peligrosa que la conexión negativa primaria porque por regla general no la ves venir. En un ejemplo más práctico, no eres solo lo que comes, sino lo que come lo que comes. De ahí la importancia que recientemente se está dando a proporcionar una alimentación más nutritiva al ganado.

El entorno de una persona esta formado por todos los aspectos de su vida, desde sus ingresos hasta su sistema de valores, pasando por el ancho de su cintura o sus aficiones. Como verás a lo largo de este libro, *tu potencial viene determinado por lo que te rodea*. Cada idea que tienes viene de aquello a lo que has sido expuesto. Quien llegas a ser y lo que haces con tu vida se encuentra limitado por la gente que te rodea y la información que te llega. Lo que entra en ti es lo que sale de ti.

O, como lo veía Durant, te expandes o te contraes según las exigencias de tu situación. La mayoría de las personas vive vidas insignificantes, no porque carezcan de talentos innatos, sino porque su situación no les exige que den más de sí. No se encuentran en una posición que las obligue a llegar a ser más de lo que actualmente son.

La buena noticia es que esto no tiene por qué ser así.

MI HISTORIA

El poder del entorno no es solo un tema sobre el que escribo, es algo que estudio y vivo, y de lo que me asombro en mi vida diaria. Es mi estrategia esencial para vivir y prosperar. En agosto de 2014, mi esposa, Lauren, y yo nos mudamos a Clemson, en Carolina del Sur, donde estudié Psicología. En mis estudios de posgrado me interesé en la fuerza de voluntad. Sin embargo, tras mis estudios, mis investigaciones y mi experiencia personal como padre adoptivo durante tres años, mis perspectivas cambiaron.

Profundizando cada vez más en la psicología y en mi propia experiencia humana, llegué a entender lo poderoso que es el entorno. Esto me sorprendió enormemente, ya que me habían condicionado a menospreciar o incluso a ignorar por completo aquello que me rodeaba. Daba por hecho que el entorno era estático y neutral y que la gente podía hacer autónomamente cualquier cosa que estuviera dispuesta a hacer.

No obstante, en el curso de mis estudios y de mi experiencia vital, comprendí que el contexto tiene una enorme importancia; de hecho, importa más de lo que ninguno de nosotros estaría dispuesto a admitir. Inmediatamente empecé a ver lo mucho que me había influido mi propio entorno. Al igual que la mayoría, tuve experiencias excelentes y problemáticas mientras crecía. Solo cuando dejé atrás algunos de esos lugares y experiencias (y a consecuencia de ello prosperé), comprendí que mi entorno y yo somos dos partes de la misma totalidad. Cambiar uno es cambiar el otro. Así, llegué a entender que podía transformar rápidamente mi identidad, mis aptitudes, mis emociones y mi propia visión del mundo. No tenía una naturaleza fija. Mi entorno, y por lo tanto mi identidad, estaban en gran medida bajo mi control. Mudarme me ayudó a entender la influencia que nuestro entorno ejerce sobre nosotros. También me ayudó ser padre adoptivo. Nuestros hijos adoptivos nacieron en un condado que limita con Clemson, donde vivimos. Su condado tiene un 9 % de movilidad ascendente en cuanto a ingresos: es un área muy pobre con poco trabajo y todavía menos oportunidades.

Debido a las formalidades legales sobre los hijos adoptivos, no puedo hablar muy específicamente de su entorno anterior, pero basta con decir que la situación de su hogar distaba mucho de ser ideal. Las probabilidades que estos niños brillantes, inteligentes y afectuosos tenían de mejorar su suerte en la vida, así como sus oportunidades de ser felices y realizarse, habrían sido prácticamente nulas de haber permanecido en su ambiente original. Pero como afirmaron Chetty y Hendren: «Los datos muestran que podemos hacer algo para mejorar la movilidad ascendente [...] Al parecer, cada año extra de infancia pasado en un vecindario mejor cuenta».

Cuando nos entregaron a nuestros hijos, estaba claro que venían de un mundo diferente del nuestro. La de cinco años no podía contar hasta diez ni identificar la primera letra de su nombre. El de siete no sabía leer y hablaba torpemente con palabras que se había aprendido de memoria, algunas de ellas de forma incorrecta. Ninguno de los dos podía dormir solo y cada vez que tenían algún problema físico o emocional, pedían medicamentos para tratarlos.

Decir que fue una transición difícil se queda corto. Dos mundos completamente diferentes chocaron entre sí, y nos vimos obligados a formar una unidad nueva y cohesiva. Lauren y yo nos vimos obligados a cambiar enormemente. Tuvimos que aprender a ser padres sobre la marcha y a desarrollar una paciencia mucho mayor de lo que hubiéramos concebido nunca. Tuvimos que reorganizar nuestras vidas, nuestros horarios y nuestras prioridades. Sin embargo, esto era exactamente lo que *queríamos*, y sabíamos que las exigencias de nuestra nueva situación *nos obligarían a evolucionar* para convertirnos en seres humanos más bondadosos y afectuosos. Habíamos creado intencionalmente un entorno que sabíamos que nos modelaría.

Nuestros hijos se han transformado radicalmente, y nosotros con ellos. Han progresado en su nueva escuela, que es más exigente. Participan en los deportes y en otras actividades extracurriculares. Durante los últimos tres años han viajado a más de treinta estados de Estados Unidos, gracias a lo cual han ampliado enormemente su visión del mundo y se han expuesto a diversos entornos que no conocían (y yo también, de hecho). Durante casi todo el año pasado no tomaron azúcar refinado, lo que reconfiguró su organismo y entre otras cosas influyó en su confianza en sí mismos y en su capacidad de aprender, dormir e incluso estar tranquilos. Han dormido una media de doce horas diarias desde que viven en nuestra casa. Cada noche le dedicamos a cada uno casi una hora de apoyo con la escritura, la lectura y las matemáticas.

La gente está asombrada de lo mucho que han cambiado nuestros hijos. Esto no lo digo para presumir de la educación que les damos. No somos ni mucho menos unos padres ideales, pero te diré que somos mejores personas por intentarlo. Sin embargo, la razón por la que comparto esto es para señalar el cambio radical de entorno que hemos experimentado todos, y cómo esto los ha transformado a ellos (y a nosotros) en el proceso.

Mi entorno sigue impulsándome hacia delante y a convertirme en la mejor versión de mí mismo que puedo llegar a ser. Mi esposa es una mujer encantadora. Hace unos vídeos familiares preciosos y divertidos. Recientemente hizo uno que abarca los años que llevamos con nuestros hijos. Es increíble ver lo pequeños que eran cuando llegaron y lo mucho que han cambiado con los años. Eran unos niños adorables y excelentes. Han crecido mucho. Es sorprendente cómo funciona la memoria. Sé, volviendo a ver esos momentos, que solo tengo recuerdos gratos y que mi amor por estos niños crece cada día.

Ver esos vídeos familiares que ha hecho Lauren me hace llorar de emoción. *Amo* a estos niños con toda mi alma. Se merecen lo mejor que pueda darles. Se merecen un padre que los cuide de verdad. Se merecen una vida estupenda. Se han convertido en mi estímulo y en mi propósito (mi porqué) para tener éxito como escritor. Quiero que estén orgullosos de mí. Quiero ser un magnífico ejemplo para ellos. Quiero proporcionarles la mejor vida que pueda. Mi entorno me recuerda continuamente todo esto. Y me siento muy agradecido por eso.

¿QUÉ SUCEDE CON EL LIBRE ALBEDRÍO?

En este punto es crucial hablar sobre el libre albedrío y el determinismo. Algunos creen en el libre albedrío (el concepto de que podemos determinar por completo nuestro propio camino en la vida), mientras que otros creen que nuestras vidas como seres humanos están completamente determinadas por fuerzas externas, como la genética. No obstante, ambas perspectivas son incorrectas por varias razones. El libre albedrío total no existe. Si existiera, podríamos ser capaces de volar o de medir tres metros de estatura a voluntad. Está claro que no es así. Hay variables externas, como la gravedad, que *restringen* pero no determinan totalmente mi conducta. En el lado opuesto a esta corriente tenemos la idea de que los seres humanos no son nada más que autómatas sin voluntad ni capacidad para dirigir sus vidas o tomar decisiones. Pero aunque nuestro comportamiento está configurado y guiado por nuestras circunstancias, claramente existe una gama de *posibilidades* dentro de cada una de esas circunstancias.

Aunque puedes estar condicionado para actuar de una manera determinada, podrías actuar de otro modo. Piensa en la gente que, de forma altruista e inesperada, pone en riesgo su vida para ayudar a otros. Cuando nos jugamos algo lo suficientemente valioso, cualquier forma de comportamiento es posible (como veremos a lo largo de este libro). Así, cuando desarrollas unas convicciones o deseos lo suficientemente firmes, puedes decidir actuar de forma contraria a tus hábitos y circunstancias. Puedes elegir cambiar la dirección de tu vida remodelando lo que te rodea. Incluso así, tus posibilidades no son infinitas en número sino que, de hecho, están limitadas por tu contexto.

En lugar de un libre albedrío o un determinismo absolutos, cada persona tiene una *capacidad contextual* de actuación. En otras palabras, las posibilidades de acción de cada uno están restringidas por su contexto. Como explicó el doctor en Psicología Social Jeffrey Reber, vivimos en «un mundo físico, con cuerpos físicos y en hogares con unos padres determinados en una específica localización geográfica, cultural y temporal. No somos independientes de estos factores, ni tampoco nos obligan a actuar de determinada manera, pero sí restringen nuestras opciones». No hay dos personas que tengan el mismo «libre albedrío» porque no hay dos personas que tengan exactamente el mismo contexto.

La verdad es que nunca somos independientes del contexto. Por ejemplo, ¿te has librado de la gravedad? Por supuesto que no. Estás limitado por la gravedad, pero esta no *determina* tus actos. ¿Y qué sucede con el aire? ¿Eres independiente del aire? Por tu bien, espero que no. Los habitantes de las regiones altas de Perú son más bajos que la mayoría de las personas de todo el mundo debido al aire tan fino[*] que respiran. El aire crea ciertas limitaciones, pero la gente decide cómo se

---

[*] Se habla de aire fino en referencia a aquel que contiene menos oxígeno.

adapta a eso. ¿Eres independiente del contexto cultural en el que vives y en el que naciste? ¿Eres independiente de la lengua que hablas?

Algunos pueden ver estas preguntas como pesimistas o limitantes. No lo son. Son realistas. Especialmente en un mundo global, somos más interdependientes que nunca. Te pondré un ejemplo. Estoy escribiendo esto en un ordenador portátil que ciertamente no he fabricado yo, ni tengo el conocimiento ni las destrezas para hacerlo. Estoy sentado en una mesa y una silla que compré en Costco; no he elaborado ninguno de estos muebles con mis propias manos, ni querría hacerlo. Mi estómago está lleno de comida que compré en un supermercado, que a su vez llegó hasta allí gracias a una enorme cantidad de esfuerzo y coordinación para su distribución. Dependo de mi entorno, y en muchos sentidos, este me define.

Pero aquí vienen las buenas noticias: tengo bastante control sobre mi entorno. Y tú también puedes tenerlo sobre le tuyo. Sin la capacidad de transformar nuestro entorno, no *seríamos* capaces de cambiar. Cambiar uno es cambiar el otro. La psicóloga de la Universidad de Harvard Ellen Langer, afirmó:

Los psicólogos sociales sostienen que quienes somos en un momento determinado depende principalmente del contexto en el que nos encontramos. Pero ¿quién crea el contexto? Cuando más conscientes somos, más podemos crear los contextos en los que estamos... y creer en la posibilidad del cambio.

Por lo tanto, no se trata de libre albedrío *o* determinismo. No se trata de elecciones o de entornos. En lugar de eso, es la elección *y* el entorno. Más exactamente, se trata de la elección *del* entorno. Eres responsable de modelar y elegir los entornos que en última instancia configuran a la persona en la que te convertirás y te conducirán a tu destino. Tu mayor responsabilidad es diseñar el entorno. Decidir tu entorno y modelarlo es la esencia de lo que realmente significa «libre albedrío», porque tu elección del entorno y las influencias externas se reflejarán directamente en la persona que llegarás a ser.

LA NUEVA CIENCIA DE LA TRANSFORMACIÓN

Durante mucho tiempo, los psicólogos creían que había una relación de un solo sentido entre la mente y el cuerpo. Donde la mente iba, el cuerpo la seguía. Sin embargo, la reciente investigación muestra que la relación funciona en ambos sentidos. Es cierto que la mente puede influir en el cuerpo, pero este también influye en aquella y la dirige. Piensa en la obra del psicólogo Dan Ariely, que explica un concepto llamado «autoseñalización» en su libro *The (Honest) Truth About Dishonesty* [La (honesta) verdad sobre la deshonestidad].

Autoseñalización es la noción de que, como personas, no nos conocemos tanto como nos gustaría creer que nos conocemos. De hecho, nos juzgamos a nosotros mismos y a nuestra personalidad del mismo modo en que otros nos juzgan, como explica Ariely «infiriendo quiénes somos y cómo somos *por nuestras acciones*».

Tu conducta no emana de tu personalidad. Más bien, tu personalidad viene configurada por tu conducta. Cuando actúas de una manera determinada, a continuación te juzgas a ti mismo basándote en tus acciones. De ahí que puedas transformar rápidamente tu identidad sencillamente alterando tu conducta.

Actuar deliberadamente de formas que sabes que influirán en tu personalidad es lo que los psicólogos llaman «precognición». La idea es bastante sencilla: algo sucede antes del estado cognitivo y emocional. En otras palabras, puedes provocar, manipular y predecir a propósito tus sensaciones internas utilizando unas conductas específicas. Si quieres sentirte motivado, por ejemplo, solo tienes que aplaudir intensamente durante unos segundos, correr rápidamente alrededor de tu casa y darte una ducha fría. Proponle una cita a alguien y, sea cual sea el resultado, te verás a ti mismo como alguien que asume riesgos. Luego, este cambio interior transformará tus futuras decisiones.

Lo mismo que tu cuerpo y tu mente tienen una relación bidireccional, tú y tu entorno también mantenéis una relación en ambos sentidos. Cuando cambias una parte, cambias el todo. Tu entorno causa en gran medida tu estado mental y emocional. Por consiguiente, puedes predecir cómo te sentirás en ciertos entornos y con determinadas personas. Por ejemplo, cuando estoy en lugares nuevos e interesantes, rodeado de gente extraordinaria, me siento estimulado y motivado. Cuando estoy en un lugar espiritual, adopto una actitud contemplativa y a menudo me siento conmovido. La precognición consiste en *anticipar* y crear tu futuro estado psicológico configurando los factores de tu entorno en el presente.

Un amigo mío llamado Nate, que había logrado bastante éxito como agente de bienes raíces, decidió llevar a cabo un experimento personal para probar cómo cambiaría su vida al alterar su entorno. A pesar de ganar unos ingresos de seis cifras, es un hombre extremadamente austero. Durante años, ha tenido un viejo y destartalado Toyota Camry de la década de los noventa. El coche iba estupendamente y gastaba muy poca gasolina. Pero ese vehículo no generaba un entorno de confianza en sus posibles clientes.

Su experimento consistía en comprar un coche mejor y ver cómo afectaba a su negocio. Gastó más de ciento diez mil dólares en un Tesla descapotable. En el transcurso de un mes de esta inversión ocurrieron cuatro cosas muy interesantes:

1. Su plataforma y su presencia en línea crecieron rápidamente al escribir sobre su Tesla y sobre

el motivo por el que lo compró. Recibió más de dos mil peticiones de amistad de gente relacionada con bienes raíces, gente que estaba en su red.

2. Se cuadruplicaron las ventas de sus productos de educación inmobiliaria. Este aumento en las ventas le permitió pagar el coche en solo dos meses después de la compra. Ahora su entorno emanaba una autoridad inmediata, lo cual, según las investigaciones sobre psicología, es un activador principal de persuasión.

3. Con su nuevo coche, algunos de los mayores inversionistas inmobiliarios y vendedores de productos de formación inmobiliaria de su área empezaron a acercarse a él. Ahora lo veían como a alguien «creíble». Los profesionales que Nate admiraba comenzaron a invitarlo a sus eventos privados.

4. La propia mentalidad de Nate cambió. Conducir un buen coche le hacía sentirse extraordinariamente bien. Su confianza en sí mismo aumentó radicalmente.

El cambio de entorno de Nate terminó por cambiarlo a él, aunque ese cambio fuera tan sencillo como invertir en un coche más caro. Su inversión marcó un antes y un después, y elevó su nivel de compromiso con el sueño de llegar a alcanzar el éxito como experto en

bienes raíces. Al modelar su entorno, creó conscientemente una profecía que se iba cumpliendo momento a
momento. Creó un entorno que ahora lo estaba creando a él.

La precognición fue la clave de la rápida transformación de Nate. Antes de comprar el coche no
sabía exactamente los efectos que esto tendría, pero
anticipó que su nuevo entorno lo cambiaría por dentro. Que es exactamente lo que sucedió. En un corto
periodo de tiempo, la identidad y la personalidad de
Nate cambiaron. A pesar de que ya era uno de los mejores vendedores de toda su región, cuando compró el
Tesla, se convirtió rápidamente en el mejor vendedor
de su región.

Por supuesto, no todo el mundo está en condiciones de comprar un Tesla. Pero este mismo principio puede aplicarse de infinidad de formas. Por ejemplo, simplemente usando ropa diferente, te sentirás
diferente. Si quieres sentirte más seguro, vístete mejor.
Usa un poco de colonia o perfume. Péinate de manera diferente. Unos pequeños ajustes externos tienen
el poder de crear enormes cambios internos. A continuación, puedes aprovechar estos cambios internos
para alterar aún más tu entorno externo para mejor,
creando así un ciclo ascendente positivo de transformación personal.

EVOLUCIÓN NATURAL Y
EVOLUCIÓN DOMESTICADA

Todas las especies han sido creadas con tendencia a la
variación, tanto en la naturaleza como bajo la domesticación.

Charles Darwin

Según Charles Darwin en *El origen de las especies*, la evolución ocurre de dos maneras: naturalmente o a través de la domesticación. La evolución natural, o la evolución que surge en la naturaleza, se produce cuando una especie responde a los cambios en el entorno. Quienes se adaptan mejor, vencen. Esta forma de evolución no está planeada de antemano y en gran medida es impredecible. Los cambios que se producen en el entorno son los que conducen a los cambios en las especies. Es una evolución aleatoria.

En cambio, la evolución a través de la domesticación se produce cuando los factores del entorno son estructurados cuidadosamente para dar lugar a rasgos «seleccionados artificialmente». Piensa en la precognición, pero también en la prebiología, ya que ambas están configuradas por el entorno. Por ejemplo, hay animales que se crían para que tengan determinados rasgos, como velocidad, belleza, fuerza o tamaño. Los animales domésticos y las plantas cultivadas para la alimentación por lo general superan en número a los que se crían libremente en la naturaleza.

La mayoría de la gente evoluciona como lo hacen las plantas y los animales en la naturaleza. Aleatoriamente, de forma imprevista e inconsciente. *Reaccionan* a cualquier entorno en el que se encuentren. No han «comenzado sabiendo el fin de antemano» y trabajado a partir de ahí hacia atrás.

La diferencia fundamental entre cómo evolucionan los animales y los seres humanos es que los animales son el producto directo de su entorno, mientras que los seres humanos somos el producto *indirecto* de nuestro entorno. Aunque el entorno es el medio a través del cual se produce el cambio, los seres humanos, si lo deciden, *pueden elegir deliberadamente el entorno en el que están*.

Un hecho es cierto: *en este preciso instante estás evolucionando*. El cambio es inevitable. Por el contrario, el crecimiento es opcional, y no es frecuente. Si no prestas atención a tu entorno, te convertirás inconscientemente en algo que quizá no querías. A veces, tu falta de atención puede incluso llevarte a tus peores pesadillas. Con mucha frecuencia he visto como sucede esto. Alguien me dice que quiere «cambiar su vida» o conseguir «algo grande», pero sigue pasando una enorme cantidad de tiempo estancado en sus viejos hábitos o con viejos amigos que no van a ningún lado en la vida.

Me duele especialmente el caso de un amigo del instituto al que llamaré Matt. Hace pocos años, tenía un maravilloso matrimonio y se encontraba bien encaminado en su carrera para conseguir el puesto de trabajo de sus sueños. Sin embargo, terminó arruinando su matrimonio y sus posibilidades profesionales. Matt no era consciente de la sutil influencia que *un solo amigo*, Eric, ejercía sobre él.

Resulta que Matt salía con Eric unas cuantas veces a la semana. Jugaban a videojuegos, veían películas y comían comida basura. A Matt le parecía *inofensivo* pasarse unas cuantas horas a la semana «relajándose» con su amigo. No se daba cuenta de que estaba adoptando poco a poco la forma del entorno de Eric. Este, pese a ser afectuoso, tiene una postura muy cínica y negativa sobre la vida. Se pasa todo su tiempo libre jugando a los videojuegos. Es condescendiente y le gusta hablar mal de los demás. En el fondo, no se soporta a sí mismo, por eso disfruta poniendo a los demás a su nivel.

Durante esa época, yo estaba ocupado trabajando y estudiando para sacarme mi título universitario. Sin embargo, cada seis u ocho meses, salía para pasar unas cuantas horas con Matt y Eric. Durante esos breves intercambios, noté diferencias minúsculas pero reconocibles en Matt. Era ligeramente más sarcástico y pesimista. Hacía comentarios negativos sobre su propia esposa. Utilizaba de manera habitual palabrotas y un lenguaje despectivo, cosa que antes no hacía nunca. El fondo de pantalla de su móvil era una imagen pornográfica que su esposa y sus hijos pequeños podían ver fácilmente. Es importante señalar que la esposa de Matt creó un entorno que permitió que se dieran estas conductas. O, más probablemente, estaba reaccionando a los cambios que ocurrían a su alrededor y de cuyo efecto tampoco era consciente.

Estos cambios no fueron espectaculares. De hecho, se cocieron a fuego lento, durante el curso de cinco años. Pero no era difícil notarlos, especialmente para mí, que los veía desde fuera. Era capaz de ver cosas en Matt que él no podía ver en sí mismo. Los cambios que se produjeron en él eran minúsculos al evaluarlos día a día, que es como nos vemos a nosotros mismos. Sin embargo, al evaluarlos en intervalos de seis meses, resultaban bastante evidentes. Por lo tanto, pude predecir, incluso con años de antelación, que si seguía saliendo con Eric, lo más probable es que terminara dejando a su esposa o destrozando por completo su vida. A mí me parecía inevitable.

El entorno que Matt había elegido a propósito chocaba con ser un buen marido y padre. Mi predicción particular llegó a hacerse realidad. Aunque me produjo mucha tristeza, no estaba en lo más mínimo sorprendido. Es fácil predecir a dónde va la gente con su vida. Tu entorno te *revela*, tanto a ti mismo como a los demás. Quizá el indicador más claro de tu identidad interior es tu entorno exterior. Si estás cómodo en ciertos entornos, ¿qué dice eso sobre *ti*?

Mirando hacia atrás, Matt probablemente diría que los cambios que realizó en su vida en los últimos años los eligió él conscientemente. Quiere creer que es dueño de su vida y quien lleva las riendas. Sin embargo, si le hubieras preguntado hace cinco años si quería divorciarse y quedarse sin trabajo, te habría dado un rotundo no. No había planeado la evolución que se produjo en él. No comprendió que su «amigo» Eric, de manera sutil y solapada, estaba socavando su sistema de valores y sus ambiciones. No pudo ver que su entorno tenía un propósito (todos los entornos lo tienen). Matt se juntaba con un fracasado, y se convirtió él mismo en otro fracasado. Citando al filósofo estoico Plutarco: «Si vives con un cojo, aprendes a cojear».

CONCLUSIÓN: MOMENTOS DECISIVOS

En la película *El rey león*, Simba tiene una experiencia traumática: asesinan a su padre. Se ve obligado a abandonar su hogar y se une a Timón y Pumba, dos marginados que viven una vida despreocupada. Al principio, a Simba le repugnan las normas por las que se rigen sus nuevos amigos. Sin embargo, a pesar de su bajo nivel, se une a ellos y pronto adopta su estilo de vida. Podría haber seguido con esta falta de ambición, pero el hecho de que su tierra atraviese por una situación grave hace que Simba reaccione y se convierta en un héroe.

Para asumir un papel más poderoso, Simba tiene que afrontar su pasado y lidiar con las emociones que ha reprimido durante años. No puede evolucionar sin purgar y sin soltar toda la carga emocional que lo mantiene en este papel y este entorno inferiores. Si no acepta el reto, las consecuencias serán terribles para la tierra y las gentes que ama.

Simba tuvo un momento decisivo, a partir del cual se convirtió en quien tenía que ser. Este es el punto en el que no hay marcha atrás. Ya no podía seguir viviendo ignorando sus valores y sus expectativas. Ya no podía seguir engañándose a sí mismo. Ni preocupándose por lo que los demás pensaran de él. Estaba dispuesto a enfrentarse a todas las consecuencias de sus acciones, a parecer tonto y a sentirse como tal. Incluso estaba dispuesto a morir por aquello en lo que creía. Para Simba seguir escapando de la verdad se había vuelto mucho más doloroso que correr hacia ella. Por eso corrió hacia la verdad y encontró un *porqué* que le daba motivos para reclamar su poder. Entonces fue cuando tuvo fuerzas para rebelarse y asumir el papel que requerían las circunstancias. Cambió el entorno y este cambio volvió a equilibrar la situación.

Del mismo modo, has de tener un verdadero momento decisivo en tu vida. Este momento debe ser además un punto a partir del cual no haya marcha atrás. Una vez que cruzas este punto, desaparece una gran parte de la confusión y la ambigüedad. Ya no estás huyendo del papel que tu situación requiere. No estás dispuesto a permitir que tú mismo y quienes te rodean sufráis innecesariamente por tu falta de atención. No te preocupan las consecuencias o los riesgos que conlleva ser completamente honesto contigo y con todos los demás. No consientes seguir viviendo una mentira, y por eso no seguirás tolerando esa incoherencia entre tus convicciones y tu entorno.

Lo único que tiene importancia ahora es ser radicalmente honesto con quien necesitas serlo. Lo que opinen los demás carece de importancia. Las incertidumbres sobre la situación son irrelevantes. Las emociones difíciles que debes afrontar ya no son barreras. Tu relación con personas tóxicas ya no puede seguir siendo la misma. O respetan tu situación y lo que debes hacer, o tendrás que prescindir de ellas. No hay otra opción; lo que está en juego ahora mismo es demasiado importante. No hay vuelta atrás.

Estás dispuesto a enfrentarte a tus miedos y a tus demonios internos cara a cara. Estás dispuesto a abandonar tu bajo nivel de vida, tu holgazanería, tu despilfarro, tus malas costumbres y adicciones, tu gratificación instantánea y tus distracciones. Estás dispuesto a aceptar la responsabilidad que se requiere de ti. A ser quien debes ser. A cambiar tu entorno para desarrollarte como ser humano y para que también lo hagan tus seres queridos. Ha llegado el momento de ser quien sabes que puedes ser. Es el momento de dejar atrás tu vida pobre e insignificante. El mundo necesita que reacciones. Ya estás listo.

Capítulo dos

CÓMO TE CONFIGURA TU ENTORNO

El mito de la fuerza de voluntad

Según Wendy Wood, psicóloga de la Universidad del Sur de California, durante la mayor parte del siglo XX, los científicos creían que si querías cambiar el comportamiento de una persona, la clave consistía en cambiar sus metas y su mentalidad. En palabras de Wood: «La investigación se centraba en gran medida en intentar entender cómo se cambia la actitud de la gente, dando por hecho que al hacerlo se produciría un cambio de comportamiento». El resultado fue una avalancha de investigaciones científicas y de campañas públicas de salud (y un sinfín de libros de crecimiento personal) sobre cómo mejorar tu actitud y establecer mejores objetivos.

¿El resultado? Para la mayoría de la gente, un fracaso absoluto.

Centrarse en el establecimiento de objetivos y en la actitud solo es efectivo para un pequeño grupo de conductas, según David Neal, psicólogo de la Universidad Duke. Entre este reducido grupo de acciones se incluyen algunas en las que raramente participamos, como dar un discurso público. La razón de que, por regla general, las técnicas y estrategias mentales centradas directamente en el establecimiento de metas no suelan tener éxito es que toda tu conducta está *externalizada**[*] por tu entorno. Cuando haces algo el número suficiente de veces y en los mismos lugares, se convierte en una acción inconsciente.

Al principio, cuando estás aprendiendo a hacer algo, como conducir un coche, te es necesario centrar la atención consciente en tus actos y ejercer una gran cantidad de esfuerzo. Tienes que pensar en cada uno de los pequeños detalles, como la fuerza o la suavidad con la que aprietas el pedal del acelerador. Sin embargo, llega un momento en que, tras la suficiente repetición, ese comportamiento se vuelve inconsciente, un proceso que los psicólogos llaman «automaticidad».

Aunque la automaticidad es esencial para vivir y aprender, tiene sus inconvenientes. La mayoría de la gente ha externalizado y automatizado su conducta a un entorno que contradice los objetivos que desea. Por

---

[*] N. del T.: externalizar es «Atribuir a factores externos el origen de sentimientos, percepciones o pensamientos propios». En el texto se utiliza con el sentido de dejar en manos del entorno el reforzamiento o la automaticidad de una determinada conducta.

esta razón los propósitos de Año Nuevo y el establecimiento de objetivos rara vez funcionan. Una persona
puede querer dejar de fumar, pero su entorno la im-
pulsa a fumar en intervalos aleatorios e inesperados. En
tales casos ejerce su fuerza de voluntad hasta agotarla, y
termina sintiendo que ha fracasado.

Sin embargo, cuando externalizas tu conducta a un
entorno que potencia tus objetivos, el comportamiento
deseado se vuelve automático y subconsciente. La automaticidad funciona a tu favor. Cuando este ocurre,
se libera tu memoria funcional para meditar y planificar otros desafíos. Ya no tienes que seguir centrándote
continuamente en tu entorno inmediato. Has dejado
de luchar únicamente por mantener la situación actual.
En lugar de pagar el alquiler y vivir al día o momento a
momento, puedes invertir en metas mayores y mejores porque tu entorno automatiza los comportamientos
que mantienen tu éxito y tu paz interior.

No es de extrañar que la fuerza de voluntad se haya
presentado ante el foco de los medios como esencial
para el éxito. En un entorno negativo, la fuerza de voluntad es todo lo que nos queda. Es el salvavidas, el paracaídas que nos impide estrellarnos. Y dependemos de
ella para salvar el pellejo. Hace falta una gran fuerza de
voluntad para permanecer positivo en un entorno negativo. Es difícil decir no constantemente cuando quienes te rodean se atiborran de comida basura. O incluso
peor, cuando tienes que ejercer esa fuerza de voluntad

en tu propio hogar porque has comprado comida basura que en el fondo sabías que no querías comer. Esta es una enorme pérdida de recursos mentales y emocionales.

En lugar de decirnos que cambiemos nuestro entorno, el principal consejo de la autoayuda sigue siendo que nos cambiemos a nosotros mismos. No puedo resaltar bastante lo terrible que es este consejo. A lo largo de este capítulo, usaré múltiples ramas de la ciencia y casos históricos para demostrarte que, en realidad, es *imposible* cambiarte a ti mismo sin cambiar tu entorno. Tu entorno y tú sois dos partes indivisibles de un mismo todo.

LO QUE PUEDES HACER DEPENDE DEL ENTORNO, NO DE LA FUERZA DE VOLUNTAD

En 2014, Jasyn Roney se convirtió en la persona más joven en dar una voltereta hacia atrás con éxito en una motocicleta. Tenía solo diez años. Algo increíble no solo porque se tratara de un niño de esa edad sino, sobre todo, por el hecho de que a finales de los años ochenta y principios de los noventa, esas volteretas se consideraban imposibles, «cosa de videojuegos», incluso para motoristas expertos. Sin embargo, Roney creció en un ambiente de *motocross* en el que *todo el mundo* ya las hacía. Era algo normal.

La voltereta hacia atrás se convirtió en una realidad en 1998 cuando una película sobre *motocross* que llegó a ser increíblemente popular mostró a gente que intentaba dar volteretas hacia atrás desde una rampa para caer en el agua. De repente, por primera vez esto que nadie podía hacer comenzó a parecer *posible*. En 2002, Caleb Wyatt se convirtió en la primera persona en dar con éxito la voltereta hacia atrás en una motocicleta y aterrizar sobre tierra. Esto cambió las reglas de lo que era posible entre los motoristas de *motocross*. En 2006, Travis Pastrana hizo la primera voltereta hacia atrás doble, y en 2015 Josh Sheehan hizo la primera voltereta hacia atrás triple.

Así es como funciona la evolución.

No hay duda de que los motoristas de *motocross* de los años noventa tenían fuerza de voluntad, pasión y una actitud positiva. Lo que sucede es que la idea en sí parecía físicamente imposible. No había fuerza de voluntad capaz de lograr que se hiciera una voltereta hacia atrás, y mucho menos una triple. La diferencia entre Jasyn Roney, de diez años, y las legiones de motoristas atrevidos y expertos de los años noventa no era la fuerza de voluntad ni la capacidad, sino el contexto. Cuando nació Roney, la voltereta hacia atrás era algo corriente. Al criarse y formarse en ese ambiente, nunca se paró a pensar que este acto que una vez fue considerado increíble era imposible; solo tuvo que pensar: «¿Cómo puedo aprender a hacerlo yo?».

Y luego lo hizo.

TODO ENTORNO TIENE UNAS REGLAS

Todo entorno tiene unas reglas o normas que determinan el comportamiento de la gente en esos entornos, porque seguir o violar esas reglas tiene sus consecuencias. Por ejemplo, en algunos entornos está bien fumar mientras que en otros, no. Gritar con todas tus fuerzas está bien visto en un concierto, pero no en un avión. Llevar zapatos es aceptable en la casa de determinadas personas, pero no en la de otras. Conducir por la izquierda de la carretera es correcto en algunos países, mientras que en otros hay que conducir por el lado derecho. Cada espacio tiene unas reglas, y con frecuencia esas reglas cambian.

Las reglas de cada entorno pueden ser escritas o no escritas, habladas o tácitas. Ya sean explícitas o implícitas, hay reglas que configuran los comportamientos y las actitudes de la gente dentro de ese entorno. Fíjate, por ejemplo, en los grupos de personas afines. Cada grupo tiene normas que determinan cómo piensan, actúan y se comportan los miembros. Por lo general, no hace falta una explicación detallada para discernir las reglas de un grupo. Lo único que tienes que hacer es observar lo que dicen, cómo actúan y cómo se relacionan unos con otros. Sabrás casi inmediatamente si las reglas de un grupo determinado están en consonancia con las tuyas propias o chocan con ellas.

Las normas sociales son más poderosas a la hora de controlar tu comportamiento que tus ideologías y anhelos más profundos. Por ejemplo, la mayoría de la gente cree en llevar una vida saludable y le encantaría estar en forma. Sin embargo, pese a estos deseos, sigue comprando comida perjudicial para la salud. Casi todo el mundo quiere tener ahorros, pero vive en entornos que facilitan el consumismo y los hábitos económicos negativos.

La vida de una persona no es un reflejo de sus valores y convicciones más profundos, sino que, por el contrario, es el producto de las normas sociales que la rodean. Si permaneces en un entorno que contradice tus reglas personales, tienes solo dos opciones: conformarte con ese entorno perjudicial o luchar contra él con tu fuerza de voluntad. Ninguna de estas opciones es válida y en última instancia ambas te conducen al mismo lugar.

TODO ENTORNO TIENE UNA TAPA

¿Conoces el proceso de entrenamiento de las pulgas? Se introduce un grupo de pulgas en un bote. Sin la tapa del bote, las pulgas pueden salir saltando cuando quieran. Sin embargo, con la tapa puesta, las reglas del entorno cambian. Ahora dar un salto excesivo alto implica chocar contra la tapa, que no es una sensación muy agradable. Por consiguiente, las pulgas se adaptan a las nuevas reglas y rápidamente aprenden a no saltar tan alto. Lo curioso es que cuando, a los tres días, se quita la tapa, las pulgas ya no salen saltando del bote. Se ha creado una barrera mental en la conciencia colectiva, y el grupo de pulgas tiene ahora un conjunto de reglas más limitante.

No es sorprendente que las nuevas reglas y la mentalidad comunitaria de las pulgas del bote influyan también en la próxima generación de pulgas, que pasará a desarrollar las mismas expectativas que sus padres. Las expectativas de quienes te rodean establecen tus propias reglas personales y tus propias expectativas. Los psicólogos llaman a esto el efecto Pigmalión.*

Al permanecer en la proximidad inmediata y constante de sus progenitores, la próxima generación de pulgas no podrá trascender su entorno. Sin embargo, si sacaras una pulga del bote y la colocaras en un bote más grande, rodeada de pulgas que salten mucho más alto, se adaptaría. Las viejas reglas que limitan el comportamiento de esa pulga serían reemplazadas por nuevas reglas. Esas nuevas reglas no solo alterarían su modelo mental, sino también su constitución genética.

Esta historia de las pulgas contradice el conocimiento convencional de la biología y la genética, pero puede entenderse mejor a la luz de la nueva ciencia de la epigenética. Según el doctor Bruce Lipton, un famoso biólogo: «Solíamos pensar que el cáncer estaba causado

---

* El efecto Pigmalión hace referencia a la influencia que una persona puede ejercer sobre otra, basada en la imagen que esta tiene de ella. Sus creencias podrán influir en el rendimiento del otro, de esta manera se buscará que sus expectativas sean ciertas y se hagan realidad con conductas que tiendan a confirmarlas. (Fuente: psicoadapta.es).

por un gen mutante, pero con la epigenética todo eso ha cambiado». A continuación explica cómo su investigación reveló la ciencia de la epigenética, y por qué los genes de una persona no son el único factor determinante de quien llega a ser. Nos dice lo siguiente:

> Coloqué una célula madre en un plato de cultivo, y se dividió cada diez horas. Al cabo de dos semanas había miles de células en el plato, y eran genéticamente idénticas, al haber surgido de la misma célula madre. Dividí la población de células y las coloqué en tres platos de cultivo diferentes [...] A continuación, manipulé el caldo de cultivo (el equivalente al entorno a nivel celular) de cada plato.

Lo que ocurrió a continuación fue fascinante: al cambiar solo el entorno, estas células idénticas se expresaron de forma diferente. Lipton afirma:

> En un plato, las células se convirtieron en hueso, en otro en músculo y en el último plato en grasa. *Esto demostró que los genes no determinaban el destino de las células, porque todas tenían exactamente los mismos genes. El entorno determinaba el destino de las células, no el patrón genético.* De manera que si las células están en un entorno sano, son sanas. Si están en un entorno nocivo, enferman [la cursiva es mía].

En otras palabras, la epigenética está demostrando que la persona que uno llega a ser se basa más en qué genes se expresan que en qué genes están presentes. Y la expresión de genes se basa en gran medida en señales y decisiones del entorno. De manera que nuestra composición biológica no es fija, sino altamente maleable. Es un mensaje emocionante que nos llena de esperanzas.

TU VALOR ES RELATIVO, NO ABSOLUTO

No te unas a un grupo cómodo; no crecerás.
Ve a donde las expectativas y las exigencias
de rendimiento son elevadas.

Jim Rohn

En algunos entornos eres un pez grande en un pequeño estanque. En otros, eres un pez pequeño en un gran estanque. Cambiar de entorno te transforma. Fíjate, por ejemplo, en un chico de diecisiete años, a quien llamaré Austin. Sus padres se divorciaron cuando era pequeño, y vive casi todo el tiempo con su madre. Pasa unos dos fines de semana al mes con su padre. Aunque Austin no es consciente de ello, cuando está con su padre, retrocede a una versión mucho más aniñada de sí mismo. Según la madre de Austin, se convierte en un niño de cinco o seis años cuando está con su padre. Se vuelve infantil, inmaduro y aparentemente incontrolable.

Las reglas en el entorno paterno son muy diferentes de las reglas del entorno de la madre. Es más, su papel también es diferente cuando está con su padre y cuando está con su madre. Lo curioso es que cuando Austin vuelve a casa después de haber estado con su padre, sigue una rutina que lo hace regresar directamente al entorno materno. Prácticamente, lo primero que hace al llegar a casa es ponerse a tocar el piano durante una media hora. Este comportamiento le permite realizar la transición emocional de un entorno a otro (esta es la precognición en funcionamiento). Es el desencadenante que lo hace volver al papel que desempeña normalmente, que es radicalmente distinto de la identidad inmadura que representó durante los tres días anteriores.

Del mismo modo que Austin, quien tú eres el martes en una habitación no es el mismo que eres el miércoles en otra. Alrededor de ciertas personas sientes que te comes el mundo. En cambio cuando estás con otras eres incapaz de pensar con claridad. No tienes un valor absoluto ni una identidad inmutable. Como las piezas de un ajedrez, tu valor y tu capacidad son relativos, no fijos e inmutables. La relación entre las cosas (el contexto) es la realidad, no las cosas en sí.

Estando cerca de determinadas personas puedes realizar un trabajo brillante y transformador. Al lado de otras te sentirás sin ánimos ni chispa, incapaz de hacer realidad tus sueños más profundos (y peor aún, nunca llegarás a darte cuenta de lo que falta en tu vida). Relacionando estas ideas con el juego del ajedrez, el antiguo ajedrecista prodigio Josh Waitzkin explica en su libro *El arte de aprender*:

> Mientras el jugador intermedio aprende cómo la fuerza del alfil en el medio juego depende de la estructura del peón central, un jugador ligeramente más avanzado observará la totalidad del tablero para fijarse en el alfil y los componentes estructurales vitales. *La estructura y el alfil son uno. Ninguno de los dos tiene valor intrínseco fuera de su relación con el otro.* Están unidos en la mente. Esta nueva integración de conocimiento tiene un efecto peculiar, porque empecé a comprender que el valor inicial teórico de cada pieza no es ni mucho menos fijo. *Las piezas pierden gradualmente su identidad absoluta.* Aprendí que las torres y los alfiles funcionan más eficazmente juntos que las torres y los caballos. Pero las reinas y los caballos tienden a tener ventaja sobre las reinas y los alfiles. *El poder de cada pieza es puramente relacional*, y depende de variables como la estructura de los peones y las fuerzas que los rodean. De manera que ahora, cuando ves un caballo, *ves su potencial en el contexto* del alfil desde unas cuantas casillas de distancia [la cursiva es mía].

Lo que Waitzkin describió en términos del ajedrez, lo he visto y experimentado en mí mismo, pero en un grado superior. El valor de las personas guarda relación con su contexto, y al contrario de las piezas de ajedrez, que no pueden cambiar de forma, tenemos el potencial de cambiar de una manera poderosa. Puedes pasar de peón a alfil, a rey o a algo completamente diferente.

Durante mi educación universitaria, trabajé como ayudante de investigación de varios profesores. Tenía la impresión de ser tremendamente valioso. Me esforzaba mucho, conocía el material y estaba seguro de que me esperaba un futuro académico brillante. Tras pasar innumerables horas investigando durante un par de años, mandé solicitudes a diversas universidades... y fui rechazado directamente por todas aquellas en las que quería estudiar. Al parecer, no era tan competitivo como me habían hecho creer.

Pocos meses después de este humillante rechazo, conocí a un joven profesor, el doctor Nate Lambert, de otro departamento. Inmediatamente vi algo diferente en él. Todos sus ayudantes de investigación estaban trabajando en verdaderos artículos científicos. No realizaban la labor habitual de licenciatura, sino que tenían mucha más responsabilidad y recibían mucha más formación profesional. Podía ver que trabajar en el laboratorio de investigación de Nate me proporcionaría posibilidades muy diferentes que los laboratorios anteriores, en los que tanto me había esforzado.

El primer día que trabajé con Nate, me dio uno de sus viejos artículos de investigación sin terminar para que trabajara en él. «Pule esta joyita y la entregaremos para su publicación», me dijo. Nunca había trabajado en un informe que estuviera tan próximo a ser publicado, y cuando tuve la impresión de que estaba todo lo pulido que podía estar, se lo mandé. Le gustó y lo envió a una revista importante en la que con el tiempo aceptaron publicarlo. «¡Guau! –pensé–. He pasado más de dos años con varios profesores sin llegar ni de lejos a enviar algo para su publicación. Ahora, a la semana de conocer a este tipo, ya he enviado un trabajo».

Comprendí que ese era el entorno del que quería formar parte: una asociación productiva, estimulante, fructífera. Me veía impulsado a dar lo mejor de mí como no lo había hecho en mis anteriores trabajos de investigación. Me encantaba progresar hacia mis metas. Pero, sobre todo, me encantaba cómo se desarrollaban mis aptitudes, mis capacidades y mi confianza al trabajar con Nate.

Mi relación con él se transformó en una relación de orientación y guía muy productiva que me cambió la vida. Nos hicimos buenos amigos e incluso socios corresponsables.* Semanalmente dábamos paseos y comentábamos nuestros sueños y metas globales, así como nuestras dificultades. Nate me dio docenas de sesiones privadas de *coaching*, en las que diseccionó las debilidades de mis aptitudes de investigación y escritura. Con el tiempo me convirtió en líder de equipo, encargado de un grupo de otros cinco investigadores. A los cuatro meses de que Nate y yo nos conociéramos, habíamos

---

* N. del T.: *accountability partner*, neologismo que indica una persona de tu confianza a la que te comprometes a rendir cuentas de tus avances.

enviado quince artículos a revistas científicas. Ahora estaba preparado para ir a cualquier facultad que quisiera.

Fueran cuales fuesen las aptitudes para escribir e investigar que tuviera con relación a Nate, eran inexistentes en el contexto de mis otros profesores. Yo no sabía lo que no sabía. Y por lo tanto, no era consciente del talento latente en mí. Es más, no tenía ni idea de en qué consistía la verdadera productividad. Mi identidad, mis capacidades y mis oportunidades siguen siendo un reflejo de mi contexto.

Y lo mismo puede decirse de ti.

Tú y tu entorno sois extensiones el uno del otro. Quién eres y lo que puedes hacer en un entorno es muy diferente de quién eres y lo que puedes hacer en otro. Por ejemplo, puedes estar al aire libre en una noche clara e intentar ver Plutón sin contar con otra ayuda que los ojos. Podrías pasar horas, semanas, años e incluso décadas y aun así no serías capaz de verlo. La fuerza de voluntad, una actitud positiva y el resto de las herramientas que las guías de crecimiento personal te han asegurado que necesitas no te permitirían ver Plutón a simple vista. Sin embargo, si utilizaras un telescopio de alta calidad, la combinación de tus ojos más el telescopio te permitiría verlo.

Arquímedes dijo: «Dame una palanca lo suficientemente larga y un punto de apoyo en el que colocarla, y moveré el mundo». Tu entorno es tu palanca. Arquímedes no manifestó que podía mover el mundo a través del tesón y la fuerza de voluntad. Humildemente reconoció su relación con las herramientas en su entorno. Él y su entorno eran extensiones el uno del otro. Es más, Arquímedes reconoció que era necesario un determinado tipo de palanca para alcanzar su objetivo. No todas las palancas podían proporcionarle el apoyo necesario para mover el mundo.

Sucede lo mismo con la tierra: no todos los tipos de tierra son válidos para cultivar determinadas plantas. Si quieres plantar maleza, tendrás muchas opciones de tierra entre las que elegir. Sin embargo, si quieres cultivar plantas tropicales, necesitarás un tipo específico. No importa cuánta ambición o cuánto deseo tenga una determinada planta de crecer (¡ni lo mucho que tú ambiciones cultivarla!); si no utilizas la tierra adecuada, no crecerá. La planta y la tierra son ambas partes indispensables del mismo objetivo.

SIEMPRE ESTÁS REPRESENTANDO UN PAPEL

Mucha gente cree que tiene una personalidad fija e inmutable. Que quien es al nacer, es en gran medida quien será al morir. Creen en la noción de que un ser y su entorno son dos cosas separadas y sin conexión entre sí.

Quienes piensan así resaltan la importancia de la naturaleza sobre la educación y se fijan en lo que no se puede cambiar en lugar de observar lo que sí cambia. Se cosifican a sí mismos, es decir, creen que su parte más real no se ve afectada ni influenciada por su entorno.

Esta es la misma lógica que decir que objetivamente un billete de cinco euros y una moneda de uno tienen cierto valor. ¿Los trozos de papel coloreados y de metal tienen realmente el valor que les otorgamos? ¿O, como sociedad, elaboramos un significado compartido que asigna valor a determinados trozos de metal y papel que hemos creado? Del mismo modo, como sociedad, ¿hemos creado significados compartidos para cosas como «depresión», «inteligencia» y «belleza» que damos por hecho que son objetivamente reales?

¿La moneda de un euro siempre es solo una moneda? ¿Lo ha sido y lo será siempre?

En las manos de un niño pequeño podría ser un juguete. En otro país, esa moneda de un euro se consideraría carente de valor. En un horno de arcilla podría fundirse y volverse líquida. La moneda, dependiendo del contexto, representa una *función* determinada según quien la posea. Del mismo modo, una persona nunca se puede clasificar objetivamente como deprimida, inteligente o bella. Más bien, estos son *significados* subjetivos basados en el contexto. Al identificarte excesivamente con estos rasgos, te encasillas. Además, conviertes algo que es subjetivo y flexible en algo que tú crees que es objetivo, fijo e inalterable.

Carol Dweck, prominente psicóloga de la Universidad de Stanford, ha descubierto que la gente que cree que su inteligencia es fija y no cambia tiene grandes dificultades para aprender. En el momento en que experimentan alguna forma de dificultad o de retroalimentación negativa, se hunden mentalmente y abandonan. Por el contrario, quienes creen que su inteligencia es dúctil y maleable tienen muchas más probabilidades de crecer y cambiar. Son arcilla que puede transformarse mediante la experiencia, especialmente mediante experiencias nuevas y desafiantes.

La creencia de no poder cambiar conduce a una mentalidad victimista. Si lo que eres viene determinado por la naturaleza, no hay nada que puedas hacer para mejorar tu suerte. Por el contrario, la convicción de que puedes cambiar te lleva a asumir la responsabilidad de tu vida. Tal vez hayas nacido con determinadas limitaciones, pero puedes cambiarlas, permitiéndote a ti mismo mejorar y crecer.

Como la moneda de un euro, siempre estás representando *un papel*. Los papeles no son tu identidad fija e inmutable. Más bien, estás *actuando* de una manera particular basándote en las *reglas* de la situación en la que te encuentras. Como las piezas de ajedrez, tu papel guarda relación con lo que te rodea. En algunas situaciones, puedes representar el papel de padre; en otras, puedes ser un estudiante, un bombero o un amigo, o si estás jugando con mi hijo de seis años, podrías ser un trampolín desde el que saltar.

Un amigo mío, Blaine, dirigía una nave de mangueras industriales. En cierta ocasión le dijo a su amigo Brad que no era más que un *manguero*,[*] lo que molestó a Brad, que pensó que con esa broma se menospreciaba. ¿No sería mejor que Blaine se viera a sí mismo como director? Aunque es habitual que sintamos apego por nuestro trabajo y nos identifiquemos con él, en realidad solo estamos representando un papel, ya se trate de ser escritor, directivo, oficial de la policía, abogado o maestro. Estos papeles cambian rápidamente cuando cambiamos nuestro contexto.

Es probable que hayas interpretado papeles que te perjudicaban. Por ejemplo, podrías ser un adicto de alguna clase, quizá un alcohólico. Pero realmente no eres un «alcohólico». Eso sería cosificar un aspecto de ti mismo que en realidad no eres tú sino un papel que llevas toda la vida desempeñando. Más que lo que eres como persona, tu adicción es un reflejo de los entornos y las relaciones que has permitido que se desarrollaran a tu alrededor. La adicción es un hábito, es dejar inconscientemente nuestra conducta en manos de una fuente externa autodestructiva (examinaremos esto en mayor profundidad más adelante).

Puedes cambiar tus hábitos. Puedes cambiar la función que desempeñas, pero solo lo lograrás transformando tu entorno, tanto si eso significa hablar con

---

[*] N. del T.: *hoser*, en inglés (manguero) tiene una connotación peyorativa similar a idiota.

franqueza para restablecer unos límites y unas expectativas como si significa apartarte físicamente de determinados individuos o lugares.

Si sigues estancado en los mismos papeles y hábitos, da igual lo mucho que desarrolles tu fuerza de voluntad; tus esfuerzos quedarán restringidos por el contexto limitante de tu papel. Seguirás siendo rehén de un contexto que equivocadamente has confundido con una identidad fija.

Sin embargo, por supuesto que *puedes* cambiar de papel, incluso de forma abrupta y radical. La gente cree erróneamente que debe estar completamente capacitada para asumir un determinado papel. Pero esto es falso. De hecho, adquieres la capacitación *a través del papel en sí mismo*. Por ejemplo, cuando Lauren y yo nos convertimos en padres adoptivos, no teníamos ninguna experiencia con la paternidad. Es cierto que había leído varios libros sobre el tema, algunos con ideas brillantes y soluciones innovadoras que podían ponerse en práctica. Pero la teoría y la práctica son dos cosas absolutamente diferentes. Me imagino que todos los padres primerizos pasan por una experiencia parecida: se aprende practicando.

En la vida nunca se puede estar completamente preparado para algo. Siempre hay un salto, sea grande o pequeño, de la teoría a la práctica. El salto a un nuevo entorno, más que fruto de la fuerza de voluntad, es algo instintivo, como un mecanismo de supervivencia.

Inmediatamente, te adaptas a un papel y a un entorno nuevos. De manera que, en lugar de intentar capacitarte de antemano para ser alguien, crea el entorno que te capacitará para convertirte en esa persona ahora.

RESUMEN

El individualismo impregna el mundo de la autoayuda. En palabras del doctor David Hawkins: «La ilusión de la individualidad es el origen de todo sufrimiento». Lo irónico del caso es que cuando separas algo de su contexto, le pones una etiqueta, lo que restringe su crecimiento y su transformación. Aunque este libro reconoce que existen límites al crecimiento personal, esos límites son menos claros y firmes. Más bien, en realidad, son flexibles y están basados en el contexto. Si quieres cambiar tu vida, en lugar de ejercer más fuerza de voluntad y luchar más, solo tienes que cambiar tu entorno y el papel que estás representando. Para poder hacerlo adecuadamente, debes entender lo siguiente:

- Lo que puedes hacer depende del contexto, no de la fuerza de voluntad.
- Todo entorno tiene unas reglas.
- Todo entorno tiene una «tapa».
- Tu valor es relativo, no absoluto.
- Siempre estás representando un papel.

Capítulo tres

DOS TIPOS DE ENTORNOS ENRIQUECIDOS

Alto estrés y alta recuperación

Courtney Reynolds es una joven emprendedora. Intenta utilizar su tiempo de la manera más productiva. Por lo tanto, le presta *mucha* atención a su entorno. Durante aproximadamente quince días vive en Denver con su socia, Val. Mientras están allí, Courtney y Val trabajan una media de dieciocho horas al día. Llevan a cabo varios proyectos en conjunto. Su apartamento carece de distracciones. No hay cuadros en las paredes. Es muy sencillo. Hay unos cuantos sofás de cuero y gran cantidad de espacio abierto para filmar vídeos de cualquier publicidad que necesiten hacer.

Mientras Courtney está en Denver, se somete a propósito a una gran cantidad de estrés y presión para obtener buenos resultados. Siempre hay plazos a punto de vencer, y grandes expectativas y promesas por cumplir.

Consigue realizar una gran cantidad de tareas, pero a un precio elevado. Trabajar en tantos proyectos y durante tantas horas es agotador a un nivel mental, emocional, físico y relacional. Y eso es exactamente lo que desea mientras está en Denver. Su intención es progresar y crecer. Sin embargo, sabe que el ritmo al que trabaja no es sostenible. En consecuencia, tiene un entorno para restablecerse y recuperarse donde pasa la otra mitad del mes, en Las Vegas.

La casa de Courtney en Las Vegas está diseñada para favorecer una sensación profunda de relajación, renovación e incluso alegría. Las paredes tienen colores cálidos y acogedores y están cubiertas de cuadros preciosos. Los muebles y los utensilios de cocina son lujosos y estimulantes. Además, Courtney forma parte de varios grupos sociales de la ciudad que le proporcionan ocio y unas conexiones profundas. A menudo tiene invitados alojados en su casa. Cuando está allí, duerme de diez a doce horas habitualmente. Tiene un pequeño despacho que utiliza unas cuantas horas al día, sobre todo para el registro y la gestión de sus diversos proyectos. No obstante, en su mayor parte, está completamente desconectada y emplea el tiempo en recuperarse. Puedes encontrártela a menudo corriendo, comiendo en restaurantes elegantes, o participando en muchas otras actividades lúdicas en cualquier lugar de la ciudad.

Estos intervalos periódicos de recuperación le permiten esforzarse tanto como lo hace cuando está en

Denver. Ocuparse activamente de su recuperación es uno de los secretos de su increíble éxito teniendo en cuenta su juventud. Su uso estratégico del diseño del entorno le permite conseguir más en un mes que muchos en todo el año. Cuando está en Denver, su entorno está optimizado para la productividad. Además, se encuentra bien descansada física y mentalmente, lo cual le permite esforzarse más, durante más tiempo y con mayor intensidad que la mayoría.

Sin saberlo, Courtney está utilizando un profundo conocimiento científico. Ha estructurado lo que llamaré «entornos enriquecidos», que le permiten concentrarse plenamente en lo que está haciendo. Para evolucionar, los seres humanos necesitaron dos tipos clave de entornos: de alto estrés y de alta recuperación. En ambos, se está completamente absorta en la situación. Se está totalmente presente y vivo. En entornos estresantes, uno se encuentra completamente activo, al cien por cien. En entornos de recuperación, uno está completamente *inactivo*. Ambos son enriquecedores, satisfactorios y lamentablemente poco frecuentes.

El primer tipo de entorno enriquecido es por naturaleza muy estresante: llámalo *estrés positivo* o *eustrés*. Pero este es un tipo de estrés muy diferente al estrés común que experimenta la mayoría de la gente. Mientras que el *distrés** lleva a la muerte y a la degradación, el

---

* N. del T.: al estrés negativo (angustia o estrés intenso que ocasiona un exceso de esfuerzo en relación a la carga) se lo conoce técnicamente como *distrés*.

eustrés es lo que se necesita para el crecimiento. El estrés positivo nos enseña a probar nuestros límites y nos fortalece, haciendo que logremos más de lo que creíamos posible. Así es como Courtney vive la mitad del mes, esforzándose a menudo más allá de sus límites.

El segundo tipo de entorno enriquecido es el descanso y la renovación. Después del estrés, se produce el crecimiento en el estado de reposo. Para formar parte de cualquier tipo de élite, debes pasar continuamente de entornos altamente exigentes a entornos altamente relajantes. En ambos casos, has de estar totalmente absorto en cada experiencia. Mientras que en una situación exigente tendrás que superarte para adaptarte a la ocasión y concentrarte, cuando estés en un entorno de recuperación, deberás alejarte por completo de todas las tensiones del trabajo, el ejercicio físico y el mundo en general.

En *La dieta reset del metabolismo*, los autores, Alan Christianson, médico naturópata, y la doctora Sara Gottfried, explican que a menos que creemos el espacio para desconectar, reiniciar, actualizar y recargarnos de verdad, la respuesta natural y evolutiva de nuestro cuerpo será almacenar la grasa en lugar de quemarla. Para disfrutar de una salud, una creatividad, una productividad, unas relaciones y una vida de primera categoría necesitamos una recuperación completa y periódica. Así es como Courtney vive la otra mitad de su mes.

La ciencia nos muestra esto con una claridad convincente. Por ejemplo, en el mundo de la preparación física, el concepto de «tiempo bajo tensión» explica que para desarrollar y fortalecer los músculos, es necesario forzarlos por encima de sus límites. Lo que te vuelve saludable no es correr maratones sino hacer carreras cortas a toda velocidad y luego recuperarte. Cuanto más fuerces tus músculos, mayor será el potencial de desarrollo, pero solo si le dedicas el mismo tiempo y la misma profundidad a la recuperación. De hecho, el proceso de recuperación debe ser siempre más largo y más profundo que el de trabajo. El sueño, la oración, las vacaciones, el esparcimiento, el ayuno y la meditación (las claves para el restablecimiento y la recuperación) jamás fueron más necesarios porque el mundo es más exigente que nunca. En algún momento de nuestro periplo, todos lo hemos olvidado.

Como sucede en la preparación física, los mejores avances creativos tienen lugar durante la recuperación mental de trabajos rigurosos y laboriosos. Por ejemplo, la neurociencia ha demostrado que solo el dieciséis por ciento de los avances creativos y mentales se producen mientras estás trabajando. La creatividad proviene de hacer conexiones distintas y útiles. Esas conexiones no se pueden establecer si no has pensado intensamente y te has esforzado en profundidad para realizar un proyecto o resolver un problema y después has descansado. La perla mental y creativa no aparecerá mientras estés en el escritorio, sino durante el descanso. Las mejores joyas creativas se encuentran solo en entornos muy alejados de las tensiones y la fatiga de tu rutina diaria. Las vacaciones, los viajes y desconectar por completo son más necesarios que nunca. Hay que integrarlos en nuestra vida cotidiana y en nuestra rutina, como ha hecho Courtney. Quizá no puedas disponer de unas cuantas semanas para desconectarte, pero puedes hacerlo durante el fin de semana.

Muy pocos se toman el tiempo para recuperarse del trabajo, la tecnología, las relaciones sociales y otros ámbitos de la vida. La consecuencia es que muy pocas personas tienen la energía y la claridad necesarias para dar todo de sí en entornos de estrés y exigencia elevados pero saludables. Para prosperar en tu trabajo, tus relaciones, tu salud, tu espiritualidad y las demás áreas de tu vida, son imprescindibles ambos tipos de entornos enriquecidos.

Hace poco vi a mi amigo Justin en un parque local con sus tres hijos. Estaban allí porque un amigo de su hija tenía un partido de fútbol. Su hija quería verlo jugar, y Justin estaba totalmente dispuesto a disfrutar de un buen rato con sus hijos. Noté que no llevaba el móvil. Estaba al cien por cien con sus niños, realizando una actividad que era importante para ellos. Se me ocurrió que, al menos en *ese momento*, Justin estaba triunfando. Vivía la vida a su manera, de acuerdo con sus valores. Sin miedo a quedarse al margen. Estaba plenamente presente con sus hijos, no de manera «semipresencial», mientras pensaba en el trabajo o usaba el móvil. Estaba con ellos, recuperando la vida y viviéndola. No es de extrañar que sea tan grande en su trabajo y en las demás áreas de su vida.

LOS PRÓXIMOS AVANCES SOBRE EL ALTO RENDIMIENTO Y LA CONSECUCIÓN DE METAS

Al parecer, la «vanguardia» de la autosuperación se basa en la investigación psicológica de los pasados años sesenta, setenta y ochenta. Seguir centrándose en la actitud mental, la fuerza de voluntad y la fijación de objetivos es un enfoque anticuado y erróneo del éxito. No es que estas estrategias sean inherentemente incorrectas. Más bien, es que el enfoque está totalmente equivocado. La mayoría de las guías de autoayuda ponen toda la presión directamente sobre el individuo.

Los próximos avances sobre el alto rendimiento y la consecución de metas alejarán el foco del individuo y pondrán por delante el entorno. Irónicamente, el futuro de la autoayuda no se centrará en el yo, sino en el entorno que da forma al yo. La esencia de este nuevo impulso será la creación de entornos enriquecidos.

Mientras te encuentras en un entorno enriquecido, tu comportamiento deseado es automatizado y externalizado. Estás completamente presente y absorto en tu actividad, ya se trate de un trabajo muy exigente o de un descanso reparador. Sea lo que sea que estés haciendo, tu entorno ha sido optimizado a propósito para facilitar el comportamiento deseado.

Por el contrario, cuando estás en un ambiente normal, tu comportamiento deseado no es automatizado ni externalizado. En la mayoría de los entornos, debes seguir siendo consciente de lo que estás haciendo, y por lo tanto usar la fuerza de voluntad para actuar de la manera deseada. Esto se debe a que la mayoría de los entornos son adecuados para las distracciones, no para un rendimiento o una recuperación elevados.

El resto de este libro se centra en ayudarte a crear entornos enriquecidos para que puedas vivir a tu manera y triunfar en la vida, como mi amigo Justin, que disfruta de momentos de estar totalmente presente con sus hijos. Aunque puede parecer contraproducente, el descanso y la recuperación son en realidad el aspecto más importante del éxito. Como afirma Arianna Huffington con sentido del humor y sinceridad: «A la cima se llega a base de dormir». En los entornos altamente exigentes, estimulantes y sin descanso de hoy en día, tomarse el tiempo preciso para restablecerse, descansar y recuperarse es muy poco frecuente y sin embargo es lo que más necesitamos.

La segunda parte de este libro te enseñará a crear entornos enriquecidos, adecuados para el descanso y la recuperación. Mientras descansas es cuando llevas a cabo tu trabajo más productivo. Te vienen las mejores ideas, pasas los momentos más importantes con la gente que te importa, y obtienes claridad acerca de la dirección que debe tomar tu trabajo y el resto de tu vida.

Y la tercera parte de este libro te enseñará a crear entornos enriquecidos adecuados para un alto nivel de estrés y exigencia. Una vida de comodidad no es el camino hacia el crecimiento y la felicidad. Por el contrario, te hará quedarte estancado y confundido. Aunque la mayoría de la gente busca el camino de menor resistencia y por lo tanto quedarse en la comodidad y la ociosidad, debes considerar los desafíos y dificultades como un regalo. Deberías nadar en aguas profundas, no superficiales. Por ejemplo, los árboles que crecen en entornos ventosos se ven obligados a hundir sus raíces a mayor profundidad, lo que impide que su difícil entorno pueda afectarles. En la vida no puedes crecer si no te esfuerzas. Como dice el poema de Douglas Malloch: «La buena madera no crece con facilidad, cuanto más fuerte el viento, más fuertes los árboles».

La fuerza de un árbol depende de la dificultad de su entorno. La buena madera no crece en entornos fáciles. Tampoco la gente más valiosa. Si quieres fortalecerte, tus entrenamientos tienen que ser difíciles. Si quieres tener categoría mundial en lo que haces, tu trabajo ha de ser mejor y más difícil. Para triunfar debes tener grandes expectativas. Has de ocuparte de proyectos que vayan más allá de tu capacidad actual, lo que te obligará a echar *raíces más profundas* como persona.

Segunda parte

CÓMO CONVERTIR EN IRRELEVANTE LA FUERZA DE VOLUNTAD

Capítulo cuatro

REINICIA TU VIDA

Toma decisiones enérgicas fuera de tu entorno habitual

Tsh Oxenreider es una bloguera de viajes que ha pasado los últimos años recorriendo el mundo con su marido y sus tres hijos pequeños. Antes de salir de Estados Unidos, para desconectarse completamente de sus vidas y viajar por el mundo, Tsh se encontraba completamente estancada tanto en el trabajo como en su vida personal. No conseguía encontrar su propósito. No se atrevía a hacer el trabajo que anhelaba hacer. Se sentía paralizada.

Sin embargo, una vez que dejó atrás su rutina y su entorno, se sintió animada, inspirada e incluso motivada a trabajar. Era como si las compuertas se abrieran y comenzaran a fluir hacia su mente y su alma todo tipo de ideas sobre las que podía escribir. En su nuevo entorno, enriquecido y apropiado para la recuperación, establecía conexiones audaces y se encontraba en un estado de relajación. Estaba teniendo nuevas experiencias y creciendo como persona.

Tomó las decisiones más importantes de su vida mientras viajaba con su familia, y estaba completamente apartada de su rutina habitual. Decidió crear cursos que ayudaran a los demás a simplificar y mejorar sus vidas. La razón por la que fue capaz de tomar esta importante decisión es porque estaba viviendo lo que los psicólogos llaman una «experiencia cumbre».

Abraham Maslow describió las experiencias cumbre como «experiencias muy poco frecuentes, excitantes, oceánicas, profundamente conmovedoras, emocionantes y enriquecedoras, que generan una forma avanzada de percepción de la realidad y tienen un efecto en el experimentador que llega a ser incluso místico y mágico». Maslow sostiene además que las experiencias cumbre son esenciales para la autorrealización personal, es decir, llegar a satisfacer todas tus necesidades básicas y poder desarrollar tu potencial más elevado.

Hay más probabilidades de que las experiencias cumbre se produzcan en entornos enriquecidos, en concreto en los adecuados para el descanso y la recuperación. Por eso, tus ideas más creativas se te ocurren mientras viajas. Fíjate en la historia del diseñador gráfico Stefan Sagmeister, que cierra su estudio de Nueva York cada siete años para tomarse un año sabático y rejuvenecer y refrescar su enfoque creativo. Sagmeister explica que durante ese año fuera del trabajo se le ocurren las mejores ideas para desarrollar durante los próximos años. En un entorno nuevo, y en un estado relajado, es capaz de establecer conexiones cerebrales audaces. Además, puede evaluar objetivamente lo que quiere de su vida. Lo que está haciendo es buscar experiencias cumbre.

Las experiencias cumbre cambian la trayectoria vital y profesional de una persona. Solo teniendo experiencias poderosas que puedan alterar tus paradigmas lograrás ver realmente lo que está sucediendo en tu vida tal y como es. De ese modo estarás capacitado para tomar decisiones enérgicas en un estado elevado para alzar tu vida y tus estándares. Tras verte a ti mismo y al mundo de una forma distinta, puedes trascender los pequeños miedos y creencias que te mantienen estancado en tu entorno presente.

He vivido varias experiencias cumbre y me esfuerzo por tenerlas de manera habitual. Recientemente, pasé un fin de semana con mi amigo Richard Paul Evans, que formó un grupo llamado *tribu de los reyes*. El propósito del grupo es ayudar a los hombres a desarrollar amistades auténticas e íntimas (algo que hoy en día es poco frecuente) y proporcionarles un entorno para superar desafíos, vivir experiencias divertidas y mejorar la visión que tienen del futuro de sus vidas. Unos cuantos fines de semana al año, Rick dirige un retiro de la *tribu de los reyes* en su rancho del sur de Utah.

Hace poco Rick me invitó a asistir al retiro que se celebraba en su rancho. Me quedé totalmente sorprendido, en primer lugar por lo bonito que es el sur de Utah. El rancho de Rick se encuentra cerca del Parque Nacional de Zion. Sin embargo, también me maravilló el ambiente del grupo y el propósito del retiro. No había un horario repleto de actividades. Rick me contó que los hombres estaban muy ocupados y necesitaban tiempo para dedicarlo sencillamente a relajarse; por eso no había un programa para los dos días siguientes. El desayuno era a las nueve de la mañana, pero si decidías seguir durmiendo, no había ningún problema.

Mientras estaba en el retiro, pasé mucho tiempo conduciendo vehículos de doble tracción y charlando con los otros hombres. Tuvimos incluso un combate de *paintball*.[*] Pero además de eso me pasé muchas horas solo, leyendo, escribiendo en mi diario, caminando mientras escuchaba audiolibros y contemplando el maravilloso paisaje.

Lo curioso es que durante este tiempo que pasé fuera creció desmesuradamente el amor que siento por mi esposa, mis hijos y mi vida en casa. Al salir de mi rutina podía ver los mejores aspectos de mi día a día tal y como eran, esos aspectos que es tan fácil olvidar y dar por hechos involuntariamente.

No llamé a mi esposa hasta llegar al aeropuerto, porque una de las grandes finalidades del retiro era

---

[*] N. del T.: un juego en el que se disparan balas de pintura.

desconectar de los dispositivos tecnológicos y volver a conectar con uno mismo y con la vida. Pero cuando la llamé, le dije, con más amor del que había sentido durante mucho tiempo, lo importante que era para mí. Me avergüenza admitir que, con excesiva frecuencia, doy por sentado que ella, nuestros hijos y todas las cosas maravillosas que hay en mi vida van a estar siempre ahí.

Sin embargo, durante ese breve retiro en el rancho, no solo vi con claridad lo extraordinaria que es mi vida, sino que además tuve una gran cantidad de ideas relacionadas con proyectos que llevaré a cabo en el futuro. El entorno realmente importa, y Rick hizo un trabajo estupendo creando un ambiente para disfrutar conectando con hombres fabulosos, y en el que podía sencillamente relajarme, recuperarme, reiniciar y reconectar de verdad conmigo mismo. Pude pensar en lo que quería hacer durante los próximos años. Como me encontraba en un estado cumbre, visualizaba desde lo más hondo de mi alma y desde mis ambiciones más elevadas. Estaba ebrio de vida, y en ese estado me encontraba abierto a las ideas brillantes que entraban en mi mente.

DESARROLLAR EXPERIENCIAS CUMBRE Y ESCRIBIR PROYECTOS EN TU DIARIO

Según Abraham Maslow, vivir una experiencia cumbre es algo poco frecuente. Pero, ciertamente, tener experiencias cumbre no tiene por qué ser raro. De hecho, vivir una experiencia cumbre, o ponerte a ti mismo en un estado cumbre, debería ser algo que haces a diario. La razón por la que la gente piensa que las experiencias cumbre son inusuales es que no han hecho lugar en sus vidas para que sucedan de forma habitual. La mayoría estamos muy desconectados de nosotros mismos. Vivimos en un estado adictivo y reactivo, propiciado por una rutina y un entorno negativos. Incluso así, en los contados momentos en los que nos salimos de ese estado hipnótico de inconsciencia, las experiencias cumbre pueden producirse y de hecho *se producen*.

Son predecibles. Puedes crearlas.

¿Qué sucedería si le dieras prioridad a entrar en un estado cumbre?

¿Qué sucedería si tuvieras que actuar a niveles cumbre cada día para alcanzar tus metas?

¿Qué sucedería si *ese* fuera tu estándar?

Estar en un estado cumbre significa operar al nivel de quien quieres ser, de manera que puedes alcanzar ambiciones que van más allá de todo lo que hayas hecho antes. Si en estos momentos no estás intentando hacer algo que no has hecho nunca, es probable que no necesites vivir experiencias cumbre de forma habitual. Pero si te encuentras en un estado de crecimiento, tendrás que adaptar tu vida para que esos momentos cumbre se den con mayor frecuencia. Es más, tendrás que trazar tu trayectoria *desde un estado cumbre*. Porque, por lo general, como empiezas algo es como lo terminas.

Si empiezas bien, normalmente serás capaz de seguir así. Pero si empiezas mal, es muy, muy difícil enmendar las cosas. Esto no significa que no puedas introducir cambios sobre la marcha, sino que el poder que respalda tu decisión inicial determinará la trayectoria. La mayoría toma decisiones débiles desde un estado no cumbre. De hecho, muy poca gente toma realmente alguna decisión.

Casi todo el mundo carece de suficiente convicción para tomar verdaderamente una decisión. No tienen las cosas claras, no han tomado una posición definitiva. No arriesgan lo suficiente. Van de un lado a otro, arrastrados por la vida, como un barco a la deriva. Su evolución es fortuita e inconsciente. Su comportamiento es reactivo y sin muchas consecuencias. No tiene mucha importancia que se pasen un buen número de horas mirando Internet.

Si no quieres ser como la mayoría y deseas crear una nueva senda en tu vida, tienes que tomar una decisión enérgica y definitiva. Y es mejor que permanezcas en un estado cumbre mientras tomas esa decisión.

¿Cómo se alcanza un estado cumbre?

Si quieres tener claridad sobre tu vida y tus metas, tienes que *reiniciarte* periódicamente. Quienes mayor éxito tienen en el mundo se toman en serio dedicar un tiempo de sus apretadas agendas a desconectar, recargarse y reiniciar. Fíjate en el famoso ejemplo de Bill Gates, que se tomaba «semanas para pensar» en las que se alejaba por completo del trabajo y de todas las formas de comunicación. Lo único que hacía era pensar, aprender y descansar. Y admite que sus mejores ideas sobre Microsoft se le ocurrieron durante esas semanas dedicadas al descanso y la recuperación.

Quizá no dispongas de una semana entera para descansar y recuperarte. En lugar de eso podrías empezar por reservar de vez en cuando un «día de desconexión», en el que te ausentas del trabajo y te das permiso para descansar y recuperarte durante toda la jornada. En ese tiempo sería útil que salieras de tu entorno habitual, y tal vez incluso que condujeras como mínimo una media hora para llegar al espacio adecuado.

Durante esos días de desconexión, podrías pasar una gran cantidad de tiempo pensando, relajándote, aprendiendo y luego escribiendo en tu diario. El motivo por el que deberías salir de tu rutina cotidiana es dejar a un lado los árboles de tu vida para que puedas ver el bosque. Necesitas aire fresco. Necesitas respirar y *reiniciarte* (del mismo modo que tu cuerpo necesita ayunar) para salir del estrés constante en el que vives.

En esos momentos en los que desconectas, es mejor permanecer completamente presente y distanciado de tu trabajo y tu vida. A la mayoría de la gente esto le resulta muy difícil, ya que casi todos somos adictos a nuestros dispositivos tecnológicos y a nuestro trabajo. Pero la investigación está descubriendo la importancia de separarnos psicológicamente del trabajo diariamente.

Solo aquellos que se desconectan de verdad (mental, emocional y físicamente) pueden volver a conectar con lo que hacen cuando empiezan a trabajar otra vez. Para poder entregarte a tu trabajo con dedicación, tienes que descansar y *reiniciarte*, periódicamente.

Durante el descanso es cuando creces y te recuperas para poder contar con todas las facultades que te permiten mejorar cada vez más en cualquier actividad a la que te dediques. Por eso necesitas escapar, aunque solo sea un día. Sal por completo de tu ajetreo y concédete un tiempo para restablecerte y para volver a conectar *contigo*. Un componente crucial de este reajuste es sacar tu diario y escribir en él. Pero antes tu mente debe estar en el punto adecuado. Por eso, la clave es dedicar al menos media hora a salir de tu entorno habitual y prepararte mentalmente. Mientras te preparas, puedes leer o escuchar algún contenido inspirador, hacer ejercicio o hablar con un buen amigo o con ese familiar que siempre te anima. Es mejor alcanzar un estado cumbre antes de empezar a escribir. Naturalmente, salirte de tu entorno normal desencadenará emociones positivas, especialmente si sabes que vas a pasar las próximas horas sumergido profundamente en el aprendizaje, la recuperación, la planificación y la visualización.

Otras estrategias específicas para mejorar la escritura de tu diario son la meditación y la oración. Hay una gran confusión con respecto a lo que es la meditación y para qué sirve. La creencia dominante, que frena a tanta gente a la hora de desarrollar hábitos meditativos, es que el propósito de la meditación es evitar los pensamientos. Pero no es cierto; la finalidad de la meditación es ver con claridad lo que uno quiere, y en última instancia, vivir mejor.

La meditación, como la oración, toma numerosas formas. Para mí, ambas van de la mano. Y darte un tiempo para orar y meditar justo antes de escribir en tu diario te coloca en un estado mental elevado. Sin embargo, a veces, ese estado elevado se produce después de empezar a escribir, especialmente mientras escribes sobre aquello por lo que estás agradecido. La finalidad de todo este proceso, la rutina anterior a la escritura y el hecho de escribir en sí, consiste en llevarte a lo más profundo y lo más elevado de tu ser, tus sueños y tus ambiciones.

Una vez que empiezas a escribir, hay unas cuantas cosas en las que es útil centrar tu escritura.

- Comienza con la gratitud y el aprecio por todo lo que sucede en tu vida.
- Tómate todo el tiempo que necesites para reflexionar y escribir detalladamente sobre tu vida y tus relaciones.
- Escribe sobre toda la gente que te importa.
- Escribe sobre lo lejos que has llegado.
- Escribe detalles sobre lo que está sucediendo (y lo que ha sucedido) desde la última vez que tuviste una sesión de recuperación.

Escribir la historia de tu vida es un componente esencial de la escritura del diario; les proporciona un contexto a tus ideas, metas y planes.

Sé radicalmente sincero contigo sobre lo que está sucediendo en tu mundo mientras escribes en tu diario. Tras expresar gratitud y aprecio por el esplendor (y las dificultades) de tu vida, tienes que ser sincero contigo mismo y reconocer en qué partes de ella no estás haciendo acto de presencia.

Cuando te encuentres en un estado cumbre, debes comprometerte a realizar cambios específicos. Anota los cambios clave que necesitas hacer para alcanzar tus sueños e ideales. Anota todo lo que se te ocurra. El diario es una poderosa herramienta terapéutica y curativa. Al escribir sobre aquello que necesitas cambiar, escribes abiertamente sobre las frustraciones y las dificultades que te han llevado a donde estás. Escribe sobre por qué te ha costado hacer estos cambios en el pasado.

Sé muy sincero y transparente contigo mismo. Nadie más va a leer lo que estás escribiendo.

El propósito de escribir el diario es conseguir claridad y restablecer tus prioridades y tu enfoque.

Si no puedes ser sincero en tu propio diario, ¿cómo esperas serlo en el resto de tu vida?

Escribe sobre tus sueños a gran escala. Podrías enmarcarlo como tu visión de vida, tus metas de tres a cinco años o tus objetivos para los próximos tres a doce meses. Dedica un tiempo a pensar en lo que estás tratando de hacer desde una perspectiva a gran escala antes de centrarte en los detalles específicos que tienes justo delante de ti.

Uno de los aspectos fundamentales de centrarte en la imagen a gran escala es que te reconecta con tu porqué. Es muy fácil perder de vista ese porqué en medio de la rutina y el ajetreo cotidianos. Además, hay una diferencia enorme entre los objetivos medios y las metas finales. Y lo que de verdad te importa son tus metas finales. Se trata de aquello que quieres por sí mismo, no porque te permitirá hacer lo que realmente quieres. Por ejemplo, obtener un título universitario para que puedas conseguir un trabajo estupendo es un objetivo medio. Pero ¿cuál es la finalidad? La finalidad es lo que realmente te importa, y te puedes ahorrar muchos problemas al comenzar y continuar con ella en mente. Puedes evitar perderte persiguiendo objetivos que no son más que expectativas creadas por la sociedad.

Es conveniente llevar un móvil, pero solo para actuar basándote en las ideas que te vienen al escribir en tu diario, mientras escuchas o lees un libro, mientras reflexionas o te cuestionas algo. A menudo se te ocurrirán nuevas ideas sobre gente que es fundamental en tu vida. Deberías ponerte inmediatamente en contacto con aquellos que te vienen a la mente, ya sea mandándoles un correo o un mensaje de texto o bien llamándolos.

Recientemente, mientras escribía en mi diario, se me ocurrió la idea de enviar flores a algunas personas que me habían ayudado. Saqué enseguida el móvil y pedí que les mandaran flores a su casa. Luego seguí con mi diario.

SESIONES DE PLANIFICACIÓN SEMANAL USANDO EL DIARIO

Durante una sesión de planificación semanal es conveniente contar con una versión condensada de esta sesión de escritura de recuperación. En ella, reflexionas cada semana sobre la anterior y haces mejores planes para la siguiente.

Las sesiones de planificación semanal son, en esencia, una versión ampliada de tu ritual matinal de escritura del diario; esto lo trataremos en detalle en el próximo capítulo, dedicado a mantener el rumbo. En concreto, en tu sesión de planificación semanal (para la que deberías utilizar tu diario) puedes escribir acerca de los siguientes temas:

- Cómo te fue la semana anterior (lo bueno, lo malo, etc.).
- Lo que hiciste bien (tus «victorias»).
- Lo que no te fue bien (lo que no hiciste, a quién no llamaste, en qué te quedaste corto).
- Cualquier incidente significativo (como grandes momentos con un amigo o con la familia, o un logro en tu trabajo).

- Cuáles son tus planes para la semana siguiente.
- Cómo piensas emplear lo que aprendiste de la semana pasada para mejorar la siguiente.
- Tus objetivos a gran escala (en un listado corto con los puntos principales como recordatorio de tu porqué y de tus metas finales).
- Tus próximos objetivos (aquello en lo que estás trabajando actualmente y que esperas conseguir en el curso de los seis meses siguientes).
- Actividades específicas que tienes que realizar en la semana siguiente (como planes relacionados con la rutina matinal, el aprendizaje, las relaciones, el trabajo, la preparación física, etc.).

Tal y como sucede con la sesión de escritura de recuperación, antes de iniciar la sesión de planificación debes acceder a un estado cumbre. El objetivo es elevar tu pensamiento, para a continuación realizar planes potentes y tomar decisiones enérgicas en un estado elevado. Necesitas reiniciar tu trayectoria. Sin tomar decisiones enérgicas, ¿cómo vas a crear entornos que agilicen esas decisiones? Para evolucionar consciente y deliberadamente, has de comprometerte con algo específico. De lo contrario, podrías evolucionar de forma reactiva y aleatoria basándote en lo que sucede fuera de ti.

RESUMEN

Muchos estudios han llegado a la conclusión de que tus mejores ideas no se te ocurren cuando estás sentado delante de tu escritorio trabajando. Tu cerebro opera mejor en un estado de reposo y relajación. Por supuesto, no se te ocurrirán ideas brillantes mientras descansas si antes no te has esforzado y concentrado intensamente. Es igual que el cuerpo físico: no se desarrollará ni se fortalecerá mientras duermes si cuando estabas despierto no lo has forzado hasta su límite.

Además, tus ideas más profundas casi nunca surgirán en un ambiente cotidiano. En medio de la rutina, en tu casa y en tu entorno habitual, estás excesivamente centrado en lo que sucede a tu alrededor. Los árboles no te dejan ver el bosque. Por consiguiente, necesitas escapar periódicamente de esa vida para recuperarte. Algunas veces eso significa descansar temporalmente de tus seres queridos para que puedas volver convertido en una versión mejor de ti mismo, con una mayor capacidad para amarlos y apoyarlos.

Capítulo cinco

ESTABLECE UN ESPACIO SAGRADO

Crea un entorno diario
para mantener el rumbo

Una vez que tomas una decisión, el universo
conspira para hacerla realidad.

Ralph Waldo Emerson

Pese a las turbulencias y otras incidencias que desvían a los aviones de su trayectoria durante el noventa por ciento del tiempo de vuelo, la mayoría de los vuelos llegan a su destino a la hora prevista.

La razón de este fenómeno es bastante sencilla: por medio del control de tráfico aéreo y del sistema de navegación inercial los pilotos están constantemente corrigiendo la trayectoria. Cuando estas correcciones se efectúan inmediatamente, no son difíciles de controlar. Cuando no se realizan de forma sistemática, el resultado puede ser una catástrofe.

En 1979, un avión de pasajeros con doscientas cincuenta y siete personas a bordo salió de Nueva Zelanda para un vuelo de turismo a la Antártida. Sin embargo, los pilotos no sabían que alguien había alterado las coordenadas de vuelo en apenas dos grados, situándolas a veintiocho millas al este de donde debían estar. Al acercarse a la Antártida, los pilotos descendieron para ofrecer a los pasajeros una vista de los paisajes brillantes. Por desgracia, las coordenadas incorrectas los habían colocado en la trayectoria que llevaba directamente al monte Erebus, un volcán activo. La cumbre estaba nevada y la nieve no se distinguía entre las nubes, lo que hizo creer a los pilotos que volaban por encima de la superficie plana. Cuando saltaron las alarmas advirtiendo de que la tierra ascendía rápidamente, fue demasiado tarde. El avión se estrelló contra el volcán y murieron todos los pasajeros y tripulantes.

Un error de solo dos grados ocasionó una enorme tragedia. Las cosas pequeñas (si no se corrigen) se convierten en grandes, siempre. Este vuelo es una analogía de nuestras vidas. Incluso los aspectos aparentemente triviales pueden crear ondas y oleadas de consecuencias, para bien o para mal.

¿Cómo pilotas tu vida?

¿Qué información recibes para corregir tu curso? ¿Con qué frecuencia consultas tu sistema de navegación?

Es más, ¿acaso tienes un sistema de navegación? ¿Cuál es tu destino? ¿Cuándo vas a llegar allí?

¿Actualmente estás desviado de tu ruta? ¿Cuánto tiempo llevas desviado de tu ruta?

¿Cómo podrías saber si estás en la ruta adecuada? ¿Cómo puedes reducir al mínimo las turbulencias y otras circunstancias que te desvían de tu rumbo?

En el capítulo anterior, te expliqué cómo desconectar y *reiniciar* para poder decidir tu trayectoria. Este capítulo trata sobre la importancia de tener un entorno cotidiano que garantice que permaneces en el camino correcto hacia tus nuevos objetivos. Además, necesitas un entorno diario para recrear el estado cumbre que tenías mientras establecías tus objetivos y tomabas tus decisiones.

Al igual que sucede con un avión, es necesario que efectúes continuamente correcciones de la trayectoria, o de lo contrario, de manera natural, *te desviarás de tu rumbo*. Has de asegurarte diariamente de que vas en la dirección en la que quieres ir. Si de verdad estás decidido a cambiar, tendrás que prepararte, día a día, para vivir y actuar *desde la posición* de la nueva realidad que te esfuerzas por crear. Al hacer esto, lograrás configurar deliberadamente las situaciones y circunstancias necesarias para alcanzar tus metas.

POR QUÉ NECESITAS UNA RUTINA MATINAL

El propósito esencial de una rutina matinal es ponerte en un estado óptimo por la mañana, para que puedas operar *desde ese estado* durante el resto del día. En lugar de tener una actitud inconsciente, adictiva y reactiva por las mañanas, es mejor ponerse deliberadamente en un estado cumbre por medio de un ritual. Los rituales matinales son fundamentales.

Si quieres superar una adicción, necesitas un ritual matinal. Si quieres ser un escritor o creador prolífico, necesitas un ritual matinal. Si quieres estar alerta, inspirado y presente en tus relaciones diariamente, necesitas un ritual matinal.

¿Por qué?

Porque necesitas provocar un estado que vaya más allá de tu forma habitual de actuar. Si quieres una vida diferente, debes *ser* diferente. Tu ritual matinal es lo que desencadena un estado óptimo. Ese estado te recuerda quién quieres ser y cómo quieres actuar. Y actúas desde ese estado, como esa persona, durante el resto del día.

Si deseas alterar la trayectoria de tu vida, las dos mejores circunstancias para hacerlo son:

- Estando totalmente fuera de tu ambiente habitual y en un entorno que conduzca al aprendizaje, el crecimiento, la conexión, el descanso y la recuperación (ver el capítulo diez).
- Por la mañana tras un ritual matinal poderoso.

Si tomas la decisión de vivir a un nivel más elevado, habrá naturalmente mucha resistencia a llevar a cabo esa decisión. A tu alrededor se ha desarrollado un entorno que mantiene las cosas tal y como son. Tienes un modelo mental y una confianza que coinciden con tu vida actual. De no ser así, tu vida sería distinta. Por lo tanto, cuando se toma una decisión definitiva de vivir de otra manera, es necesario recrear continuamente la experiencia que generó esa decisión. Esa experiencia (y la mentalidad que la acompaña) ha de convertirse en *tu nueva normalidad*.

Tienes que desarrollar el hábito de llevarte a ti mismo a un estado cumbre. El mejor momento para hacerlo es inmediatamente después de despertarse. Si no lo haces en ese momento, caerás enseguida en tu estado actual de rendimiento, que se encuentra por debajo del nivel de la decisión que tomaste cuando te encontrabas en un estado óptimo. Así, pese a tus mejores intenciones, tu comportamiento seguirá coincidiendo con tu realidad actual. Volverás a los viejos patrones, perdurará tu realidad actual, y tus sueños seguirán siendo sueños. Probablemente intentarás utilizar la fuerza de voluntad durante un breve espacio de tiempo, pero solo para retrasar lo inevitable.

Si es este el caso, debes ser sincero contigo y admitir que la «decisión» que tomaste no fue realmente una decisión. No lo fue porque no te importaba lo suficiente como para ponerla en práctica a diario, como para ponerte a ti mismo en ese lugar, crear un estado óptimo y operar desde él diariamente.

Primero debes *ser* de cierta manera y luego *actuar* desde esa forma de ser, para *tener* lo que quieres. Ser → hacer → tener. No al revés. Tienes que actuar consecuentemente desde el estado óptimo en el que se formó tu decisión. Has de llegar a ser quien eres. Ser quien tienes que ser se convierte en algo natural cuando cuentas con un entorno sagrado y un ritual diario que te permiten cambiar y asumir el papel y la identidad que quieres vivir de forma permanente.

TU RITUAL MATINAL PARA LLEGAR A UN ESTADO ÓPTIMO DIARIAMENTE

La mayoría de la gente comienza el día de una manera reactiva. Lo primero que hacen es mirar su móvil e inmediatamente son absorbidos por un mundo digital repleto de información acerca de otras personas y sus propósitos. Se sitúan en una posición que los hace vivir el resto del día de una manera distraída y reactiva. Tener una rutina matinal es importante por una serie de razones clave:

- Te reconecta profundamente contigo mismo y con tu porqué.
- Te pone en un estado óptimo, de tal manera que te permita hacer realidad tus sueños y tu visión de futuro.

- Te prepara para lo que realmente quieres hacer ese día.
- Te hace vivir de manera consciente, no reactiva, para así evitar el autosabotaje.

Una rutina matinal puede implicar diversas actividades, como el ejercicio físico, la meditación, la oración, trabajar en un proyecto creativo, etc. Todas esas actividades son geniales. Sin embargo, el elemento fundamental de tu rutina matinal es escribir en el diario. Llevar un diario es más poderoso que la simple meditación por la misma razón que escribir tus metas es más poderoso que dejar que se queden en tu cabeza.

La meditación, la oración y la visualización son maneras poderosas de hacer más efectiva tu sesión de escritura del diario. Sin embargo, no son suficientes en sí mismas. Necesitas anotar tus ideas, tus planes y tus metas. Y tienes que hacerlo diariamente. La meditación, la visualización, la oración y la escritura del diario son actividades poderosas y una mezcla perfecta. Pero la parte del diario es donde fraguas, clarificas, afirmas y cristalizas tus ideas, metas y aspiraciones, y donde creas estrategias para llevarlas a la práctica.

El diario multiplica por diez o por cien el poder de las otras actividades fundamentales. Si no escribes en él todos los días, tu meditación, visualización y oración serán muchísimo menos eficaces. El propósito principal de una rutina matinal es priorizar las cosas de mayor importancia en tu vida, para centrarte en ello, en lugar de en lo urgente.

El objetivo es colocarte en un estado óptimo para que puedas operar desde él en todas tus actividades, cada día. Así es como salimos del modo de supervivencia y nuestra vida cobra un enorme impulso. Este impulso conduce a la confianza, que a su vez nos lleva a concebir sueños cada vez más grandes, a proporcionar un mejor servicio y valor, y a vivir una vida más congruente.

El ejercicio físico y los proyectos creativos son estupendas actividades matutinas. Sin embargo, lo primero es ponerte en el estado desde el que quieres operar durante todo el día. Aquí es donde entran la meditación y la escritura del diario.

Tu mente consciente y subconsciente, así como tu cerebro creativo y tus niveles de energía, se encuentran en un estado óptimo inmediatamente después del sueño. Escribir en tu diario a primera hora de la mañana es esencial para entrenar tu mente subconsciente a alcanzar tus metas. Como afirma Napoleon Hill en *Piense y hágase rico*: «La mente subconsciente las traducirá a su equivalente físico, por el método más directo y práctico disponible». Esta sesión de diario matinal solo tiene que durar de cinco a quince minutos.

Cuando escribes tus metas y sueños a primera hora de la mañana, aumentas tu deseo de conseguir tus objetivos y la confianza en poder hacerlo. Si no te crees capaz de alcanzar tus metas, no lo harás. Si realmente no quieres lograr un determinado objetivo, es probable que no lo consigas. Por eso, cada mañana tienes que acceder a un estado en el que lo recuerdes, lo creas y lo desees con todas tus fuerzas. El resultado es que te esforzarás al máximo, no solo ese día sino todos los demás, y de esta manera no te distraerás ni te desviarás del rumbo de lo que de verdad te importa.

También tiene un efecto poderoso escribir tus objetivos de manera afirmativa y definitiva. Por ejemplo, si quieres ganar cien mil dólares o correr un maratón, escribe:

- Cuando llegue el [fecha] habré ganado cien mil dólares.
- Cuando llegue el [fecha] habré conseguido correr un maratón.

Escribe tus objetivos a diario. Luego, en tu estado mental matutino, anota todo lo que necesitas hacer para lograr tu objetivo. Esto incluye a las personas con las que vas a ponerte en contacto y las actividades que vas a realizar ese mismo día y durante toda la semana en relación con esa meta.

CREA UN ENTORNO SAGRADO PARA TU VISUALIZACIÓN Y PARA ESCRIBIR EN TU DIARIO

Algunas actividades, como visualizar y planear tu futuro, tomar decisiones importantes o intentar comunicarte con lo divino, son más eficaces en un entorno sagrado personal. Esto no significa que tengas que marcharte a las montañas o a un templo, aunque ambas pueden ser estupendas opciones. Más bien, solo necesitas un entorno que sea personal para ti y active el estado mental que necesitas para pensar con claridad. Mi entorno sagrado diario es mi coche, pero solo cuando está estacionado lejos de casa. Todas las mañanas, entro en el coche y dejo atrás el entorno del hogar, con todas sus distracciones y su energía, y aparco en otro vecindario o incluso fuera del gimnasio antes de hacer ejercicio. Luego dedico entre veinte minutos y una hora a leer un buen libro, escribir el diario, orar y meditar. Y este acto cotidiano no deja nunca de estimularme y de hacerme seguir avanzando en la dirección en la que quiero ir en la vida. Aparte de mi entorno sagrado diario, unas cuantas veces al mes conduzco durante horas para llegar a un lugar muy especial para mí en el que puedo aislarme por completo del mundo durante un tiempo.

Del mismo modo, el actor y comediante Jim Carrey aplicó este principio para crear oportunidades extraordinarias. Carrey creía en su futuro. Y eso a pesar de haber crecido en una situación de tanta pobreza que su familia vivió durante una buena temporada en una furgoneta Volkswagen aparcada en el terreno de un familiar. A finales de la pasada década de los ochenta conducía diariamente hasta una gran colina desde la que se podía contemplar la totalidad de Los Ángeles y visualizaba conversaciones en las que los directores apreciaban su trabajo. Ese era su lugar sagrado. Subía allí todas las noches. Por aquel entonces era un cómico joven, sin dinero, que atravesaba grandes dificultades.

Una noche de 1990, mientras contemplaba Los Ángeles y soñaba con su futuro, Carrey se firmó a sí mismo un cheque por valor de diez millones de dólares y escribió en la línea de anotación «por los servicios de actuación prestados». Le puso al cheque la fecha del Día de Acción de Gracias de 1995 y lo metió en su billetera. Se dio cinco años. Y justo antes de ese Día de Acción de Gracias de 1995, recibió diez millones de dólares por la película *Dos tontos muy tontos*. El sueño que había creado en su lugar sagrado se hizo realidad. Y esto sucedió porque continuamente se reconectó consigo mismo en ese espacio sagrado.

CONCLUSIÓN

¿Tienes un lugar sagrado al que vas a alinearte y conectarte contigo mismo?

¿Tienes un lugar en el que puedas meditar, pensar, orar y visualizar?

¿El diario que escribes diariamente es la base de tu éxito a largo plazo?

¿Vas por el buen camino?

¿Te has marcado un plazo?

Capítulo seis

ELIMINA TODO LO QUE ESTÉ EN DESACUERDO CON TUS DECISIONES

En productividad, menos es más

C asi al final de la película *Interestelar*, Matthew McConaughey (Cooper) y Anne Hathaway (Brand) están tratando de salir de la atmósfera de un agujero negro cercano. Sin embargo, una gran presión gravitacional los empuja hacia atrás. Para poder escapar, necesitan ejercer por lo menos la misma presión que la gravedad ejerce sobre ellos. La tercera ley del movimiento de Newton afirma que a cada acción le corresponde una reacción de igual magnitud en sentido opuesto.

Los dos astronautas formulan un plan (alerta de *spoiler*, ¡si es que es realmente necesaria para una película que tiene ya unos cuantos años!). Aplican una fuerza extrema utilizando una gran cantidad de combustible de los cohetes de su nave. Pero Cooper sabe que no basta con la energía de sus cohetes para sacarlos de la atmósfera. Así que se sacrifica deliberadamente para salvar a Brand. Una vez que el cohete ha tomado suficiente impulso, Cooper separa su parte de la nave para aligerar la carga e impulsar el resto de la nave espacial (en la que viaja Brand) de vuelta a la civilización. Una acción y una reacción de igual magnitud y en sentido opuesto.

La tercera ley del movimiento de Newton no es solo un interesante punto de inflexión de la trama en una película de Hollywood; también es real (y eficaz) en tu vida. Todo lo que hay en tu vida es energía, y por lo tanto esta crea una reacción de igual magnitud y en sentido inverso. Por ejemplo, poseer una gran cantidad de ropa que desborda el armario te ocupa una gran cantidad de espacio físico. Pero también te ocupa espacio mental y emocional por tener que revisar cada mañana toda esa ropa hasta encontrar lo que vas a ponerte, por pasar montones de prendas de un lado a otro, por pensar en esa ropa de la que sabes que debes desprenderte pero que aún no estás listo para hacerlo... Todo esto ocupa más espacio mental de lo que crees. Y constantemente llevas contigo toda esa energía.

Más allá del aspecto físico, como la ropa, cargas con una gran cantidad de emociones reprimidas. Todo el mundo lo hace. Y es muy pesado cargar con esas emociones, por lo que te resulta casi imposible evolucionar para salir más allá de la atmósfera en la que te encuentras actualmente. Además, llevas contigo relaciones que, como la gravedad, te mantienen en tu entorno actual. Aquí entra en juego la tercera ley de Newton: la única manera de salir de tu entorno actual es ejercer una fuerza de la misma magnitud y opuesta a toda la energía que te mantiene en esa atmósfera. Eso significa mucha fuerza. Indudablemente, careces del poder y la energía necesarios para ejercer ese nivel de fuerza. Sería imposible escapar de tu entorno usando la fuerza. La atracción gravitacional es gigantesca y descomunal.

Al igual que en *Interestelar*, la única manera de lidiar eficazmente con la tercera ley del movimiento de Newton es aligerar la carga. Si estás dispuesto a eliminar todo el exceso de energía que te mantiene en tu entorno actual, precisarás una fuerza mucho menor y opuesta para sacarte de él. Realmente no hay otra manera de hacerlo. Tienes que desprenderte de una gran cantidad de peso en tu vida.

Aunque eliminar el exceso de carga de tu vida requiere esfuerzo, es mucho más costoso no hacerlo. En lugar de invertir una pequeña cantidad de esfuerzo para obtener beneficios durante toda una vida, la gente lo evita a cambio de una vida de dolor y frustración. Gary B. Sabin, fundador y director general de varias empresas, cuenta una anécdota cómica pero instructiva que ilustra cómo las personas se complican la vida sin ninguna necesidad con tal de evitarse un poco de esfuerzo.

Sabin había llevado a un grupo de *boy scouts* de acampada al desierto. Los niños dormían junto a una gran hoguera que habían encendido. Por la mañana, cuando Sabin despertó y examinó el campamento, vio a uno de los exploradores con aspecto de haber pasado una mala noche. Le preguntó cómo había dormido y el niño le respondió:

—No muy bien.

Cuando Sabin preguntó por qué, le contestó:

—Tenía frío, y la hoguera se apagó.

Sabin respondió:

—Bueno, eso es lo que pasa con las hogueras. ¿Tu saco de dormir no era lo suficientemente caliente?

El niño permaneció sentado en silencio sin responder. Entonces uno de los otros *scouts* intervino exclamando:

—No usó su saco de dormir.

Sabin le preguntó un poco incrédulo al muchacho:

—¿Por qué no?

Silencio; luego, finalmente, el niño le respondió avergonzado:

—Bueno, pensé que si no desenrollaba mi saco de dormir, no tendría que volver a enrollarlo.

El explorador pasó una noche congelado sufriendo porque no quería soportar los tortuosos cinco minutos de enrollar su saco de dormir.

No seas como él. No malgastes tu vida (ni una noche siquiera) sufriendo innecesariamente. Haz el esfuerzo inicial para aligerar esos grilletes que llevas alrededor de los tobillos. Elimina la fuerza gravitacional que te mantiene en una atmósfera en la que no puedes prosperar.

SIEMPRE HABRÁ ALGUNAS DIFICULTADES CUANDO MEJORES TU VIDA

Es difícil volverse una mejor persona. Estás donde estás por ser *quien eres*. Tu entorno es producto de tu ser. Eres el imán que atrae tus pautas de vida. Si alguien fuera de ti cambiara tu entorno *por ti*, enseguida te encontrarías en el mismo punto en el que estás ahora. De ahí que la mayoría de las personas que ganan la lotería regresen rápidamente a su pobreza.

Cuando un polluelo está tratando de salir de su cascarón, lucha. Si lo observas, puedes sentir lástima por él. Incluso podrías sentirte tentado a ayudarlo y romper el cascarón. Pero si lo haces, a la larga no ayudarás al recién nacido. De hecho, probablemente lo matarás, porque el esfuerzo mismo de romper el cascarón es lo que le da la fuerza para sobrevivir. Sin luchar, el pájaro no sobreviviría. Seguiría siendo débil y dependiente. Del mismo modo, tienes que luchar si quieres romper tu cascarón. La atracción gravitacional que te impide salir es la fuerza que debes aprender a superar.

No se supone que dejar tu vida actual deba ser fácil. No estarías donde estás si eso no tuviera sus ventajas. Reconócelas. Reconoce que te gusta estar donde estás.

Si no fuera así, habrías cambiado tus circunstancias hace mucho tiempo. Estás cómodo con tu vida. Por lo tanto, será difícil, al menos a nivel emocional, deshacerse de muchas de las cosas que componen tu identidad actual. Esto incluye tus posesiones, tus relaciones, tus distracciones, tus expectativas, tus excusas y tu historia.

Si quieres evolucionar a otro nivel, necesitas desprenderte. Probablemente lo echarás de menos. Estarás tentado de volver atrás. Pero si lo haces, no conseguirás salir de tu atmósfera actual. No dejarás tu entorno actual para entrar en otro con posibilidades mucho mayores.

DESHAZTE DE LO QUE NO NECESITES

Cuanto menos poseas, más tendrás. Para tener una mente lúcida, primero debes tener un entorno despejado. Deshazte de todo lo que no utilices de manera habitual. Comienza por tu armario. Despréndete de todas las prendas que no hayas usado en los últimos dos meses. No necesitas más de seis conjuntos de ropa.

Limpia la cocina. Elimina toda la comida que realmente no quieres comer. Si está fuera de tu entorno, no te acordarás de ella. Si está en tu entorno, te la comerás. La fuerza de voluntad no funciona. Te has mentido a ti mismo con esta falacia durante años. Hazlo ahora. Ve a la cocina, toma una bolsa de basura grande y echa en ella toda la comida que no quieres. Si lo deseas, puedes utilizar dos bolsas, una para la basura y la otra para llevarla a un albergue para indigentes. Lo que prefieras, pero saca todo eso de tu entorno ya. Te sentirás maravillosamente.

Si tienes coche, límpialo. Tu coche tiene que ser un transporte, no un basurero ni un armario extra. Tu espacio físico refleja fielmente tu estado mental. Si tu entorno está desorganizado, tu mente también lo está. Todo es energía. Tu entorno está constantemente influyendo en ti, seas o no consciente de ello. Según la falacia del coste hundido,* valoramos en exceso las cosas por el simple hecho de que nos pertenecen. No te dejes engañar por este absurdo. Organízate. Despeja el jardín de tu vida. Si tienes que desperdiciar aunque solo sean cinco minutos al día lidiando con la basura sin sentido que inunda tu entorno, es un desgaste innecesario que te impide lograr algo que realmente valoras.

Al nivel más básico, la organización consiste en ponerles límites a las cosas. En su libro *Less Doing, More Living* [Hacer menos, vivir más], el experto en productividad y tecnología Ari Meisel dice que con el fin de organizar correctamente tu vida, tienes que establecer límites superiores e inferiores en todo.

---

* N. del T.: un coste hundido es un gasto que tuvo lugar en el pasado y que ya no se puede recuperar. A lo que hace referencia la expresión *falacia del coste hundido* no es al coste en sí, sino a cómo este afecta a nuestras decisiones del futuro. Específicamente, a cómo nos resistimos a desprendernos de algo sencillamente porque hemos invertido dinero en ello.

En su libro, Meisel afirma que si no se controlase, sería un acumulador de dispositivos tecnológicos. Antes de organizar su vida, tenía todo un armario lleno de cables eléctricos y aparatos electrónicos. Sin embargo, una vez que se decidió a reducir la atracción gravitacional en su vida y a eliminar lo que no era esencial, estableció un límite a la cantidad de dispositivos electrónicos de los que dispondría. Decidió que una caja de zapatos era suficiente. Si alguna vez necesitaba agregar algo a la caja de zapatos una vez llena, se obligaba a sacar algo y tirarlo a la basura o venderlo. Esa caja era su límite. Así, ese límite mantenía sus dispositivos electrónicos organizados y ordenados.

Aquí hay algunos ejemplos más de límites que podrías establecer para organizar mejor tu vida:

- No tengas nunca más de cincuenta correos en tu bandeja de entrada.
- No trabajes nunca más de cuarenta horas a la semana.
- No pases nunca más de diez minutos al día en Facebook.
- No gastes nunca más de cuatro mil dólares al mes.
- No salgas nunca a comer más de tres veces a la semana.

Los límites superiores son obvios. Son el punto del que no quieres pasar. Pero los límites inferiores también son muy útiles. Se trata de los estándares básicos que no te importa sobrepasar. Sin embargo, no te conviene quedarte por debajo. Algunos ejemplos de límites inferiores incluyen:

- Quiero hacer al menos un viaje al mes.
- Correré al menos cincuenta kilómetros al mes.
- Cocinaré en casa al menos una vez a la semana.

Si de verdad quieres ser organizado, has de establecer límites prácticamente en todos los aspectos de tu vida. Como mínimo, tienes que fijar límites en tus prioridades. En mi caso, como abrazo el minimalismo, no tengo que preocuparme excesivamente de poner límites a los bienes materiales. De vez en cuando limpio mi armario y me deshago de algunas camisas. En el aspecto material, lo único que se me va de las manos son los libros. Así que tengo que ponerle un límite a la cantidad de libros que tengo. Una vez que supero ese límite, vendo o regalo varios libros. La mayoría de los límites que fijo giran en torno al tiempo. Tiempo dedicado a trabajar, a los niños, a meditar y orar. También fijo límites en la frecuencia en que me voy de vacaciones. Pero es igualmente vital cuando se trata de tu entorno físico. Si tu entorno está abarrotado, tendrás una mente desordenada. Todo eso es una carga que tienes que acarrear.

Los mejores libros sobre este tema son *La magia del orden: herramientas para ordenar tu casa... ¡y tu vida!*, de

Marie Kondo, y *Esencialismo: logra el máximo de resultados con el mínimo de esfuerzo*, de Greg McKeown.

ELIMINA LAS DISTRACCIONES

La dopamina es una sustancia química del cerebro que proporciona placer. Su función es la de ayudarnos a tomar decisiones correctas. Desgraciadamente, en nuestro mundo actual, inundado de estimulantes, los niveles de dopamina de la mayoría de las personas están disparados. Casi todos nos hemos vuelto adictos a las subidas de dopamina a corto plazo. Cada entorno es propicio para *algo*, y casi todos vivimos en entornos repletos de tentaciones que luego nos impulsan a buscar inconscientemente los efectos que nos provoca esa sustancia. Nuestros cerebros se han vuelto dependientes. Nuestro entorno facilita esa dependencia. Es un círculo vicioso.

¿Qué aspecto presenta esto en el mundo real? Para la mayoría, la dopamina viene en forma de distracciones a corto plazo. Si estás trabajando en un proyecto y comienza a complicarse o te empiezas a aburrir, ¿qué haces? Si eres como la mayoría de la gente, en lugar de seguir ahí sentado esforzándote, te distraes. ¿Cómo? Es probable que revises tu correo electrónico, que eches un vistazo a las redes sociales o que te pongas a mirar Internet sin prestar mucha atención durante unos minutos. Puede que tomes algún alimento procesado azucarado. Todas y cada una de estas actividades proporciona una breve recompensa al centro de placer de tu cerebro. En otras palabras, cada una de estas actividades libera dopamina.

La dopamina es el mismo producto químico que se libera cuando se toma cocaína y otras drogas nocivas. Te hace *sentir bien* durante un tiempo. Es placentero. Desafortunadamente, ese placer no dura. Al igual que el sabor de una rosquilla se desvanece rápidamente solo para dejarte con efectos secundarios a largo plazo, la subida de dopamina a corto plazo se desvanece rápidamente, dejándote con ganas de más. Como el azúcar de una rosquilla, cuanta más dopamina busques compulsivamente, más desarrollará tu cerebro una dependencia de ella.

Si tienes un *smartphone*, desinstala todas las aplicaciones que no te estén ayudando a ser mejor en lo que tratas de hacer. Simplemente desinstálalas. No te están haciendo ningún bien. Son hierbajos que sofocan el jardín de tu mente. Mantén tu móvil tan lejos de ti como sea posible. A menos que lo necesites mientras estás trabajando, déjalo en el coche. Cuando estés con tu familia, déjalo en tu maletín o en tu bolsa de herramientas. Estará allí mañana cuando lo necesites.

La adicción a la dopamina y la búsqueda de placer sensorial se han convertido en el objetivo primario de los países occidentales. En lo que antes eran sociedades que premiaban el aprendizaje y el sacrificio del placer momentáneo en pos de un futuro mejor, hoy en día se ha impuesto el mensaje dominante de vivir el momento. Y eso es exactamente lo que hace la gente. Viven para este momento a expensas de profundizar e ir más allá de la distracción. Cuando algo es desagradable, o se vuelve difícil, la mayoría se anestesia con la dopamina de alguna distracción, se complace en la satisfacción momentánea a expensas de un futuro mejor.

ELIMINA OPCIONES

Cuantas más opciones tengas, menos decisiones tomarás. En su libro *The Paradox of Choice* [La paradoja de la elección], el doctor Barry Schwartz explica que tener más opciones no es lo mejor. Demasiadas opciones conducen a la indecisión y a menudo a decidirnos solo a medias por algo. Como hay tantas opciones compitiendo entre sí, con frecuencia no estás satisfecho de la que has elegido. Siempre te quedarás preguntándote si tomaste la decisión correcta. Nunca estarás comprometido del todo y siempre mirarás hacia atrás.

Michael Jordan dijo: «Una vez que tomo una decisión, nunca vuelvo a pensar en ello». Esto es confianza. Confianza en uno mismo. No hay miedo a fallar. No te cuestionas tu propio sentido común. Sabes lo que quieres y lo que no quieres. Reconoces que en cada decisión que tomas, hay innumerables opciones que podrías haber elegido. Cada elección implica una renuncia. Es decir, no puedes tenerlo todo. Y cuando estás comprometido con algo específico, no hay problema en aceptar esa renuncia. Al contrario, aceptas esa realidad, porque todo lo que tiene un verdadero valor se consigue con sacrificio. Y ese sacrificio te parece bien porque te ofrece la oportunidad, tan poco frecuente, de alcanzar metas extraordinarias, mientras que casi todo el mundo está disfrutando de un enorme bufet de decisiones superficiales que no implican ningún tipo de compromiso.

Cuantas más opciones puedas eliminar de tu vida, mejor. Para esto es necesario que sepas lo que quieres, o al menos que sepas la dirección en la que te diriges. El éxito no es tan difícil; simplemente implica dar veinte pasos en una sola dirección. La mayoría de la gente da un paso en veinte direcciones. Déjate de distracciones vanas en las que realmente no estás interesado.

Una vez que te comprometes con los resultados, tomas decisiones poderosas que eliminan o facilitan todas las demás decisiones. Por ejemplo, si deseas estar sano, simplemente deshazte de todos los alimentos perjudiciales para la salud que haya en tu casa. Cuando decidimos eliminar el azúcar de nuestro hogar, nuestros hijos apenas se dieron cuenta. Seguía habiendo comida en la mesa y aperitivos en la nevera. Su fuerza de voluntad no se vio afectada porque su entorno se encargó de la decisión. Al eliminar las malas opciones, el cambio no resulta agotador para la fuerza de voluntad y la memoria funcional.*

Aunque puede sonar extraño, la verdad es que te conviene limitar tus opciones futuras. Es mejor crear restricciones en torno a lo que puedes hacer, porque sabes que esas limitaciones son tu máxima libertad. Se necesita sabiduría para tomar decisiones que sabes que te seguirán sirviendo a lo largo de toda tu vida. Pero al tomar esas decisiones, sabes que te evitarás una gran cantidad de sufrimiento y distracciones innecesarios a los que otros sucumben sin darse cuenta. Un ejemplo sencillo, he tomado la decisión de no beber nunca alcohol. No me siento superior a quienes sí lo hacen. Fue solo una decisión que tomé que ha *simplificado* mi vida y sigue aclarando mi visión.

Cuantas menos opciones haya, más poderosas serán tus elecciones. Elimina todas las opciones potenciales que sirven solo como distracciones. Acepta que tendrás que renunciar a algo. Supera el miedo a equivocarte. Profundiza en lugar de ser superficial. Elimina todo conflicto interno de tu vida. Te sorprenderás de la eficacia con la que un jardín despejado puede crecer y desarrollarse. También te sorprenderás de la serenidad que se siente al haber creado un entorno que se

---

* N. del T.: la memoria funcional, también conocida como memoria operativa, se puede definir como el conjunto de procesos que nos permiten el almacenamiento y la manipulación temporal de la información para la realización de tareas cognitivas complejas como la comprensión del lenguaje, la lectura, las habilidades matemáticas, el aprendizaje o el razonamiento. La memoria funcional es un tipo de memoria a corto plazo.

alinee con tus valores y aspiraciones más elevados. Estarás agradecido por esa persona fuerte que fuiste en el pasado y por todo el trabajo que has realizado para llevarte a este punto.

SACA A ALGUNA GENTE DE TU VIDA

Rodéate de gente que te recuerda
más tu futuro que tu pasado.

Dan Sullivan

La gente puede llenarte de vida o robártela. El rector de universidad y educador estadounidense Jeffrey Holland contó una vez la historia de un joven al que trataron mal en los centros educativos durante muchos años. Con el tiempo, al hacerse adulto, se alistó en el ejército. Mientras vivía lejos de su hogar experimentó el éxito en numerosas ocasiones. Se convirtió en líder. Adquirió una buena formación. Se alejó de su pasado y se convirtió en una persona diferente.

Luego, tras varios años, regresó a la ciudad donde había pasado sus primeros años. Aunque él ya era otro, la misma vieja mentalidad de antes seguía estando allí, esperando su regreso. Para la gente de su ciudad natal, este joven seguía siendo el mismo que era antes de irse. No podían ver la transformación que había tenido lugar. Sus paradigmas eran inamovibles. Y continuaron viviendo en el pasado, tratándolo como lo habían hecho antes. Lamentablemente, el joven volvió a adaptarse a sus viejos hábitos. Estaba una vez más en el punto de partida: de nuevo inactivo e infeliz. Pero esta vez, fue culpa suya. Para empezar, había elegido rodearse de la misma gente que lo frenaba.

Una de mis mejores amigas me llama cada varios meses para decirme: «¡Ha llegado el momento! Voy a alcanzar mis metas y cambiar mi vida». Lo que más me deprime es que es completamente sincera. Lo que más quiere en el mundo es salir de la rutina en la que lleva más de una década. Tiene grandes sueños, un talento increíble y un carisma incomparable. Es una de esas personas que pueden hacer lo que quieran. Alcanzaría el éxito fácilmente. Pero eso nunca sucede.

No puede salirse de la red de relaciones que la mantienen estancada. Está rodeada de mediocridad y se siente cómoda con ella. Tanto que esa comodidad se ha convertido en una prisión levantada por ella misma. Solo tengo que preguntarle cuándo fue la última vez que salió con ciertos individuos para saber que no está de ningún modo más cerca de su sueño que hace diez años. La verdadera decisión que necesita tomar es *romper* cualquier relación que vaya en contra de sus objetivos.

Sacar de tu vida a personas importantes, como amigos e incluso miembros de la familia, puede ser muy duro. Esto no significa que debas desterrarlos para siempre, especialmente aquellos a los que quieres ayudar y apoyar; solo tienes que establecer límites que os impidan a ambos sufrir una adaptación negativa. La verdad es que nunca serás capaz de obligarlos a cambiar. De acuerdo con el fundador de *Strategic Coach*, Dan Sullivan, lo mejor que puedes hacer es ser un buen ejemplo para ellos. Y no puedes ser un buen ejemplo viviendo por debajo del nivel que crees que deberías vivir.

ELIMINA LA MEMORIA FUNCIONAL

La memoria funcional es tu memoria a corto plazo. Y es muy costoso tratar de mantener las cosas ahí. Si intentas recordar algo durante un período de tiempo finito (minutos, días, meses, etc.), puedes terminar olvidándolo. Hay un enorme coste en tener la mente obstruida y abarrotada. Como estás obsesionado en mantener lo que tienes en tu cabeza, no puedes dejar que tu mente vague y se te ocurran ideas frescas. No puedes meditar y reflexionar. Es como aguantarte demasiado tiempo cuando tienes que orinar. No le hagas esto a tu mente. Cuando se te ocurran ideas, anótalas inmediatamente. Escríbelas o grábalas en audio. Guárdalas en tu entorno para liberar espacio de tu memoria funcional.

Si eres como la mayoría de la gente, hay ciertos tipos o patrones de comunicaciones que tiendes a postergar. A menudo, es más por pereza que por animadversión. Por ejemplo, recientemente quedé en ir a ver una película con un amigo unas semanas más tarde. Vimos nuestros horarios y fijamos la fecha. Me sentía muy contento porque hacía tiempo que no salía con él. Poco después de hacer esos planes, Lauren me dijo que ese fin de semana estaríamos fuera de la ciudad.

En lugar de enviarle inmediatamente un mensaje de texto a mi amigo, esperé una semana. Como habíamos quedado para ver la película dos semanas después, pensé que podría decírselo más tarde. No había urgencia, así que lo fui dejando. Innecesariamente mantuve el pensamiento en mi cabeza durante una semana: «Tienes que decirle a Tyler que no vas a estar aquí para la película». Si hubiera enviado un mensaje enseguida, todo estaría resuelto. El mundo seguiría girando, yo no habría vuelto a pensar en ello y Tyler podría haber planeado mejor su fin de semana. Si vas a necesitar menos de dos minutos, hazlo ahora.

La comunicación deficiente es uno de los mayores obstáculos para tener un entorno organizado y despejado. Tu vida es el producto de tus criterios. Si estás dispuesto a permitir que tu comunicación sea poco clara, eso es exactamente lo que obtendrás en tus relaciones. Pero esto obviamente tiene un coste elevado. Un enfoque mucho mejor es ser respetuoso con los demás y respetar también tu propia memoria funcional. Cuando tengas una información que los demás necesiten, acostúmbrate a comunicarla de manera rápida y directa. Si tienes pocos días para darla a conocer, no lo dejes para más tarde. Sácatela de la cabeza ahora y así le darás más tiempo al receptor para tratar con la información que le proporcionas.

RESUMEN

Desprenderte es el camino más rápido para el progreso y para generar un impulso hacia delante. Con el fin de trascender tu entorno actual, tendrás que desprenderte del exceso de equipaje que te mantiene en él. Se necesitará un poco de esfuerzo. Pero la recompensa superará con mucho el coste. Los elementos fundamentales de los que debes desprenderte son:

- Los objetos materiales.
- Todas las distracciones.
- Las decisiones atractivas pero malas a la larga.
- La gente que no te aporta nada.
- Los compromisos que nunca deberías haber aceptado.
- La memoria funcional.

Capítulo siete

CAMBIA TUS OPCIONES PREDETERMINADAS

Automatiza tus decisiones positivas

S i pasaras todos tus cubiertos de un cajón de la cocina a otro, ¿cuánto tiempo tardarías en dejar de seguir buscándolos en el cajón de antes?

Basta con cambiar la opción predeterminada de ciertas opciones para modificar el comportamiento de forma fácil e inmediata. A menudo tomamos la primera opción que se nos presenta. Casi todas las opciones predeterminadas que provocan el comportamiento inconsciente en la mayoría de los entornos no están, ni mucho menos, bien estructuradas. En muchos casos actuamos de manera inconsciente a niveles mediocres, sencillamente porque así es como se estableció el entorno.

Tras decidir que en los laboratorios se estaba desperdiciando demasiado papel, la Universidad de Rutgers convirtió la impresión a doble cara en la opción predeterminada de sus impresoras de laboratorio. Este pequeño acto ahorró 7.391.065 hojas de papel en el primer semestre, o aproximadamente 1.280 árboles en el año académico. Los estudiantes, que con frecuencia no tienen ninguna preferencia, ahora están obligados a seleccionar manualmente la opción de imprimir solo por una cara del folio. Ahorrar se vuelve mucho más fácil al convertirlo en la opción predeterminada.

¿Cuáles son tus opciones de comportamiento predeterminadas?

Hoy en día, la opción predeterminada de la mayoría es distraerse. Al final del día, abrimos una bolsa de patatas fritas y encendemos la televisión. Si eliminaras el televisor y las patatas, ¿qué harías? Mi esposa y yo hemos eliminado los anuncios de nuestras vidas (el estadounidense promedio pasa cuatro años de su vida viendo anuncios). Lo hicimos dándonos de baja en la red de televisión y usando Roku* en su lugar.

Este es el desafío que conllevan los comportamientos predeterminados: su implantación y su activación se llevan a cabo desde el entorno externo. Son la opción predeterminada por una razón, y es que se trata de algo a lo que estamos habituados y de lo que no somos conscientes. Como el entorno condiciona tu comportamiento, es el entorno lo que hay que alterar.

---

* N. del T.: dispositivo para convertir un televisor convencional en un televisor inteligente (Smart TV).

LA ADICCIÓN SURGE AL TENER OPCIONES PREDETERMINADAS INEFICACES

En la pasada década de los setenta, el psicólogo canadiense Bruce K. Alexander estaba investigando con ratones, tratando de entender mejor la naturaleza de la adicción. Realizó varios estudios en los que se metió a una rata en una jaula pequeña. Dentro de esa jaula había dos botellas de agua, una con agua corriente y otra con agua mezclada con heroína o cocaína. Prácticamente en el cien por cien de los casos la rata se obsesionó con el agua con drogas y bebió de ella hasta morir.

El doctor Alexander dedicó mucho tiempo a reflexionar sobre por qué sucedía esto. En 1978, dirigió un experimento de seguimiento que desde entonces ha revolucionado la forma en que entendemos la adicción a las drogas. Con fondos de la Universidad Simon Fraser, él y sus colegas construyeron una gran colonia para albergar ratas con un espacio doscientas veces mayor que el de una jaula de ratas de laboratorio estándar. Este experimento del «parque de las ratas» culminó con el gran avance de la época: el descubrimiento de la conexión subyacente entre el entorno de una persona y la adicción.

Dentro del parque, una rata podía hacer muchísimas cosas divertidas. Había grandes cantidades de queso, juguetes, espacios abiertos para correr, tubos para explorar y, lo más importante, muchos congéneres con los que pasar el tiempo. También se incluyeron en el parque de las ratas las dos botellas de agua que se usaron en los experimentos anteriores, una con agua normal y la otra con agua mezclada con drogas. Curiosamente, en el parque las ratas casi nunca bebían el agua con drogas; preferían el agua normal. Ninguno de los animales consumió compulsivamente el agua con drogas, y ninguno tuvo una sobredosis, como sucedió con las otras en las jaulas pequeñas y aisladas.

Esta investigación sobre ratas se ha relacionado con posturas similares entre los humanos. Por ejemplo, las generalizadas adicciones a las drogas entre los soldados estadounidenses durante la guerra de Vietnam. Mientras estaban en el extranjero, casi el veinte por ciento de los dos millones setecientos mil soldados desarrollaron una adicción a la heroína. Como respuesta a esta situación, el presidente Richard Nixon anunció la creación de un nuevo organismo, la Oficina Especial de Acción para la Prevención del Abuso de Drogas, dedicado a combatir ese problema. Después de trazar un programa de prevención y rehabilitación, Nixon solicitó que se hicieran investigaciones sobre los militares adictos cuando regresaran a casa.

La persona encargada del trabajo fue una investigadora psiquiátrica muy respetada llamada Lee Robins, a quien se le permitió un amplio acceso a los hombres alistados en el ejército para poder realizar su trabajo. Primero, examinó a todos los soldados en Vietnam. Efectivamente, casi el veinte por ciento de ellos fueron identificados como adictos y se les exigió permanecer en Vietnam hasta que su organismo quedara libre de heroína. Luego, tras regresar a sus hogares y a sus vidas, se los sometió a revisiones. Y, para sorpresa de Robins, solo el cinco por ciento de los soldados previamente adictos recayeron tras volver a casa.

Esto carece de lógica científica. Según la investigación, los cerebros de estos hombres deberían ser tan dependientes de la heroína que no tendrían más remedio que recaer impulsivamente. El público se indignó y cuestionó la validez de la investigación. Jerome Jaffe, el hombre elegido por Nixon para dirigir la Oficina Especial de Acción para la Prevención del Abuso de Drogas, dijo de la doctora Robins: «Todos creyeron que de alguna manera mentía, había cometido algún error o respondía a intereses políticos. Luchó durante meses, o quizá años, tratando de defender la integridad del estudio». Ser adicto en Vietnam no significaba serlo en Estados Unidos.

Aunque la gente no podía entender el comportamiento de los soldados, ahora, cuarenta y cinco años después, los hallazgos de la doctora Robins son ampliamente aceptados. Gran parte de tu comportamiento es dirigido inconscientemente por tu entorno. Incluso comportamientos que detestas y no quieres consentir. Por ejemplo, según el doctor David Neal, psicólogo de la Universidad de Duke, «para un fumador, la imagen de la entrada a su edificio de oficinas (que es el lugar en el que se puede fumar en cualquier momento) se convierte en una poderosa señal mental para realizar esa acción». Cuanto más se repite el ciclo, más arraigada se vuelve la señal, haciendo que sea extremadamente difícil resistirse. Se podría eliminar la tentación cambiando el lugar preestablecido en el que el fumador aparca su coche y por donde entra en el edificio.

La doctora Wendy Wood explica una importante razón por la cual las tentaciones de nuestro entorno pueden ser tan poderosas: «No nos sentimos empujados por el medioambiente. Pero, de hecho, estamos muy integrados con él». En consecuencia, tanto Neal como Wood sugieren que la mejor manera de superar la adicción o cualquier forma de comportamiento indeseable es *transformar* tu entorno. Incluso pequeños cambios, como comer con la mano no dominante cuando cedes al impulso de picar algo a medianoche, pueden alterar la secuencia de acción y la respuesta aprendida del cuerpo que dirigen esa conducta. Esto lleva a la mente consciente otra vez al momento y le da tiempo a la corteza prefrontal para plantearte si de verdad quieres tomar la decisión que estás a punto de tomar. La doctora Wood señala: «Te da la oportunidad de contar con un breve espacio de tiempo para pensar si eso es lo que quieres realmente hacer».

La teoría principal para explicar por qué la tasa de recaída de los soldados era tan baja era que, tras tratar su adicción física en Vietnam, volvieron a un lugar radicalmente diferente del ambiente donde sufrieron su adicción. Las adicciones, como los comportamientos, tienen que ver con el entorno. En ciertas situaciones, la adicción es la opción principal. En otras situaciones, ni siquiera es una opción real. Los fumadores, por ejemplo, pueden pasarse horas *sin ni siquiera pensar en fumar* cuando están absortos en ciertas actividades o en ciertas situaciones. La mayoría de los fumadores admite no experimentar deseos de fumar mientras están en un avión. Dentro de ese contexto, fumar simplemente no es una opción. Consecuentemente, el ansia no persiste, y la mente se enfoca en otra cosa.

DISEÑA TUS OPCIONES PREDETERMINADAS

Vives en una cultura de la adicción. Tu entorno está repleto de tentaciones, de manera que si no tomas las riendas del entorno, tu opción predeterminada será una vida sin sentido. Para la mayoría, la opción predeterminada es vivir en un estado reactivo: reaccionar a textos, correos electrónicos y otras notificaciones. El entorno actual es sencillamente demasiado exigente, polarizado e invasivo como para ignorarlo. Todos somos adictos y dependientes, y sufrimos un deterioro por ello. Nunca ha habido más libertad y prosperidad, y sin embargo nunca han sido más inaccesibles. En palabras de Peter Drucker:

En unos cuantos siglos, cuando la historia de nuestro tiempo se escriba desde una perspectiva a largo plazo, es probable que el acontecimiento más importante que registren los historiadores sea no la tecnología, ni Internet, ni el comercio electrónico, sino un cambio sin precedentes de la condición humana. Por primera vez un número sustancial, y en rápido crecimiento, de personas tiene opciones. Por primera vez, tendrán que autogestionarse.* Y la sociedad no está en absoluto preparada para ello.

Una estrategia de crecimiento personal que no sitúe al entorno en primer plano induce al engaño. Eso tal vez funcionara en otra época en la que no tenías todo el mundo al alcance de la mano. Pero ahora las tentaciones son sencillamente demasiado fuertes y la dependencia de la dopamina está excesivamente arraigada. Por desgracia, parece que la mayor parte de la próxima generación está condenada al fracaso antes de que realmente emprenda su vida. Ninguna generación ha sido jamás tentada con distracciones tan seductoras y químicamente gratificantes. A menos que la joven generación preste mucha atención a configurar su entorno, hay pocas esperanzas para ella.

Los defectos más generalizados y adictivos de nuestra cultura giran en torno a la tecnología, el trabajo, los

---

* Para Peter Drucker, gestionarse a uno mismo implica identificar nuestras fortalezas para potenciarlas, y detectar nuestras debilidades para actuar en consecuencia, lo cual nos ayudará a tomar decisiones acertadas cuando se presenten las oportunidades.

alimentos, las drogas, la pornografía y la gente. Debemos eliminar las tentaciones del entorno que conducen al comportamiento adictivo inconsciente, y profundizar en la calidad y la intimidad de nuestras relaciones. Nuestra cultura está diseñada para aislarnos cada vez más a unos de otros. La adicción se está convirtiendo en una epidemia. Cuando tienes relaciones profundas y significativas, tus probabilidades de desarrollar una adicción malsana son mucho menores.

Hay cuatro principios que te ayudarán a superar los valores predeterminados dañinos del entorno. Veámoslos.

Primer principio: no seas esclavo de tu entorno

Si eres como la gran mayoría, más que controlar la tecnología, la tecnología te controla a ti. A los pocos segundos de despertar, tu amo tecnológico ya te tiene esclavizado. Luego, durante toda la jornada laboral, tienes la impresión de no poder concentrarte más de unos pocos minutos sin recibir otra subida de dopamina por medio de un correo electrónico, las redes sociales o alguna otra jugosa distracción de Internet.

Un estudio demostró que, de media, consultamos el móvil más de ochenta y cinco veces al día y pasamos más de cinco horas navegando por la Red y utilizando aplicaciones. Lo curioso es que revisamos los móviles dos veces más de lo que creemos. Por ejemplo, ¿cuándo fue la última vez que te paraste en un semáforo sin mirar inmediatamente el móvil? Guárdalo en la guantera.

Esta falta de conciencia se refleja en las demás áreas de la vida de la mayoría, ya que somos sistemas holísticos. Ningún componente de tu vida puede contemplarse aisladamente. Si pasas varias horas usando inconscientemente los dispositivos electrónicos, ¿cómo puedes esperar estar plenamente presente en tu trabajo y tus relaciones? Estos son algunos de los resultados del uso descontrolado del móvil:

- Aumento de la depresión y la ansiedad.
- Disminución del rendimiento diurno.
- Disminución de la calidad del sueño.
- Disminución del bienestar psicológico y emocional.
- Disminución de la inteligencia emocional.
- Aumento de la sensación de angustia.
- Disminución del rendimiento académico entre los estudiantes.

Un estudio demostró que si los padres utilizan el móvil de manera sensata e inteligente, será mucho más probable que sus hijos desarrollen también una relación saludable con la tecnología. Por el contrario, si los padres emplean el móvil de forma reactiva e impulsiva, ¿cómo pueden esperar que sus hijos sean diferentes? Al igual que con muchas otras cosas, los padres son muy buenos para decirles a sus hijos lo que tienen que hacer, pero no tanto para predicar con el ejemplo. A la hora de aprender, el principal método que usan los niños es la observación y la imitación. Lo mismo que las pulgas entrenadas en el frasco, cuya generación siguiente también estaba limitada por una barrera invisible, el comportamiento de los padres se convierte en la norma para sus hijos.

Otras investigaciones expusieron los efectos negativos del uso de ordenadores portátiles y teléfonos móviles una o dos horas antes de acostarse. Específicamente, un estudio demostró que los individuos que dejaron de mirar las pantallas de una a dos horas antes de dormir experimentaron una calidad de sueño sustancialmente más alta y menos «disturbios» mientras dormían. Los autores del estudio concluyeron simplemente diciendo: «Para potenciar una mente sana y una buena salud deberíamos restringir el uso de móviles y portátiles antes de dormir».

Tienes que darte un día a la semana para recuperarte. Tómatelo como si fuera tu propio domingo. Tu día de descanso. Si lo utilizas, sin duda estarás más presente y serás mucho más eficaz durante la semana. Al igual que debes desconectar completamente del trabajo cada noche, debes desconectar por completo el cuerpo de la comida y el cerebro de la tecnología una vez a la semana.

Comienza con un «ayuno» semanal, en el que no revises tu móvil ni te conectes a Internet durante veinticuatro horas. El propósito del «ayuno tecnológico» es reconectarse con uno mismo y con sus seres queridos.

Si no te das un descanso de la tecnología, te desgastarás mental y físicamente. Aunque no lo parezca, la tecnología estresa tu organismo. El continuo estrés pone a tu cuerpo en modo de supervivencia, haciendo que almacenes la grasa en lugar de quemarla. La adicción al móvil engorda. Si quieres estar mental y físicamente saludable, tienes que concederte descansos. Necesitas reiniciarte y descansar.

Segundo principio: dondequiera que estés es donde deberías estar

En nuestra cultura siempre conectada, el equilibrio entre el trabajo y la vida se ha convertido en un lujo del pasado. En la década de los treinta, los economistas se maravillaron ante las tecnologías que ahorraban tiempo y predijeron que sus nietos (nosotros) trabajaríamos solo unas veinte horas por semana. Creyeron que desarrollaríamos una tecnología y unos robots que harían casi todo nuestro trabajo, así que tendríamos más tiempo libre para realizar actividades agradables y provechosas. No es así. Ahora trabajamos más que nunca. Y cuando no estamos trabajando, estamos siempre conectados.

El valor predeterminado, especialmente para la generación Y,* es *estar siempre disponible*. No se trata de un valor digno ni eficaz. Un gran número de investigaciones en el campo de la psicología de la salud ocupacional

---

* N. del T.: también llamados *millennials*.

está demostrando que para poder comprometerse con la actividad profesional y tener eficacia hay que aprender a desconectar mentalmente del trabajo. La verdadera desconexión mental se produce cuando uno se abstiene completamente de las actividades y los pensamientos relacionados con el trabajo durante el tiempo de ocio. Esto significa que no solo desconectas físicamente de la actividad profesional, sino que también te desconectas mental y emocionalmente. Las investigaciones han llegado a la conclusión de que los individuos que se desconectan mentalmente del trabajo comparten las siguientes características:

- Menor fatiga y procrastinación relacionadas con el trabajo.
- Una implicación mucho mayor en el trabajo, que se define como vigor, dedicación y concentración (lo que llamamos *flow*).
- Mayor equilibrio entre ocio y trabajo, que influye directamente en la calidad de vida.
- Mayor satisfacción marital.
- Mayor salud mental.

Si no te desconectas adecuadamente del trabajo, tus probabilidades de depresión aumentarán enormemente y tus relaciones se resentirán, así como tu salud. Eres un sistema. Todo está conectado. Si te encuentras totalmente desequilibrado e inestable, ¿cómo esperas estar sano, dinámico y presente? Como estamos siempre conectados, permanecemos en un estado continuo de estrés de bajo nivel. Este estrés es subconsciente, pero envejece la mente y el cuerpo. Para combatir este cansancio causado por no descansar y reponerse, recurrimos a estimulantes que nos mantienen activos.

La única manera de desconectar psicológicamente del trabajo es cambiar los valores predeterminados. Necesitas separarte de tu entorno laboral. Es probable que, además de poner límites a los dispositivos tecnológicos y al trabajo, tengas que comunicarles a tus compañeros que a partir de ahora no vas a estar disponible a determinadas horas del día. En lugar de molestarse, te respetarán más porque te respetas a ti mismo.

Además, necesitas contar con una rutina, o mejor aún, con un *ritual* para desconectar del trabajo. Con esto tu interruptor mental pasará de encendido a apagado, y así podrás regresar a casa y estar presente con tus seres queridos. Este ritual solo debe durar uno o dos minutos como mucho. Antes de salir del trabajo al final de la jornada, especialmente cuando tienes por delante el fin de semana, anota cuáles son tus prioridades para el día o la semana siguientes. Cuando pongas por escrito tus pensamientos, tu mente no sentirá la necesidad de insistir en ellos o de intentar recordarlos, porque los has anotado y externalizado. Si necesitas enviarle un último mensaje a alguien, hazlo. Al final, deja el móvil en modo avión. Esto te servirá como una poderosa función de refuerzo, para facilitar un estado de relajación.

Además de poner el móvil en modo avión, déjalo en tu espacio de trabajo o guárdalo en un maletín. Esto será un refuerzo adicional, para ayudarte a no caer en la tentación de, sencillamente, desactivar el modo avión y revisar el teléfono. Déjate llevar por unos criterios más elevados. Permítete a ti mismo desconectar del trabajo para poder dedicarte en cuerpo y alma a los demás aspectos de tu vida. Al día siguiente, cuando regreses, tu trabajo y todos los que te necesiten seguirán estando ahí.

Mientras escribía este libro, con frecuencia me dejaba el ordenador portátil en la oficina por la noche en lugar de llevarlo a casa. Esto me obligaba a no pensar en revisarlo de vez en cuando. Si el ordenador está en casa, la tentación es demasiado grande. Una vez más, se trata de tomar una decisión que haga que el resto de las decisiones futuras sean más sencillas o irrelevantes. Se trata de tomar una decisión y no volver a pensar más en ello. Configura las circunstancias que facilitan ese estado de relajación y haz que resulte natural e inevitable vivir de acuerdo con tus valores más elevados.

En el camino de vuelta a casa, puedes escuchar música o algún material educativo para relajarte mientras te preparas para estar con tus seres queridos. Si no puedes fijar límites para ti y para tu trabajo, nunca darás todo lo que puedes de ti mismo. Cuando estás centrado en el trabajo, no debes estar disponible para nada más, excepto en caso de emergencia. Del mismo modo, cuando estás en casa con tus seres queridos, debes estar completamente al margen de las necesidades de tu trabajo y del mundo exterior. En lo que se refiere al trabajo, la inmensa mayoría de las «emergencias» no lo son realmente. Casi todo puede esperar hasta el día siguiente.

Cuando te permitas dejar de estar siempre disponible –física, mental y emocionalmente–, te sentirás mucho más presente en tu propia vida. Encontrarás una profunda satisfacción en estar de verdad presente con tus seres queridos. Prestarás más atención a sus necesidades. Serás más consciente y estarás más comprometido. Mejorarás como persona en tus relaciones. Los demás sentirán tu amor y tu afecto más plenamente, ya que les prestarás toda tu atención. Algo que quizá no hayan sentido en mucho tiempo, si es que lo han sentido alguna vez. Como dice Dan Sullivan: «Estés donde estés, asegúrate de estar ahí».

Tercer principio: actúa basándote en el instinto y la intuición, no en el impulso y la dependencia

¿Cuáles son tus valores predeterminados en relación con la comida y las sustancias adictivas, como la cafeína? Si eres como la gran mayoría, no puedes funcionar sin café por las mañanas. La cafeína en sí misma no es mala. El problema es que se ha convertido en algo imprescindible y de lo que dependemos.

Ciertamente no necesita ser imprescindible. Deberíamos ser capaces de funcionar bien sin ella. Deberíamos tomarla porque sintiéramos el deseo de hacerlo, no de manera compulsiva. Por regla general, hay que actuar basándose en el instinto, no en el impulso. Solo porque puedas hacer algo no significa que lo hagas. Y cuando lo haces, es porque quieres hacerlo, no porque tengas que hacerlo.

Según los resultados de las investigaciones, la jornada laboral de ocho horas es una de las razones principales por las que la gente consume cafeína. La cafeína se ha convertido en una adicción basada en una exigencia cultural anticuada. Hablando claramente, un horario de trabajo de nueve a cinco no es psicológica ni físicamente ideal, especialmente ahora que la mayoría trabajamos con nuestras mentes y no con nuestros cuerpos. El trabajo mental es mucho más exigente que el trabajo físico. Aunque el cerebro pesa únicamente entre mil doscientos y mil trescientos gramos, gasta más del veinte por ciento de la energía corporal. La verdad es que disponemos solo de cuatro o cinco horas buenas de concentración mental al día. Para trabajar de forma eficaz, el trabajo debe tomar la forma de una práctica consciente, donde se realizan sesiones enérgicas de hora y media a dos horas, seguidas de veinte a treinta minutos de recuperación en un ambiente diferente.

Si vas a usar cafeína, tecnología o cualquier otra cosa, hazlo basándote en la intuición y el instinto, no en el impulso y la adicción. Para eso tendrás que ser consciente de tu entorno, ya que ahora la mayoría de los entornos (entre ellos los valores culturales que giran alrededor del trabajo) se han establecido para desencadenar la adicción y la dependencia.

Cuarto principio: para superar cualquier adicción necesitas una conexión profunda con otros seres humanos

Lo contrario de la adicción es la conexión. En realidad, la adicción es la manifestación de una carencia de conexiones humanas saludables, el producto del aislamiento y la soledad, y crea una espiral descendente que genera aún más aislamiento y soledad. El terapeuta de adicciones Craig Nakken describe la psicología interna de la adicción:

> En la vida del adicto hay poco que sea permanente y no pertenezca a la adicción. Le da un miedo terrible la intimidad, y se mantiene alejado de cualquier señal de ella. Con frecuencia los adictos creen que la causa de sus problemas son los demás. Creen que la gente no puede entenderlos. Por lo tanto, hay que evitarla [...] la soledad y el aislamiento crean un centro que anhela la conexión emocional con los demás [...] el adicto quiere estar solo, pero a su yo le aterroriza la idea de la soledad.

En la charla TED «Todo lo que crees saber sobre la adicción es falso»,* Johann Hari explica que la manera de salir de la adicción es creando conexiones humanas profundas. Necesitamos creer que nuestro comportamiento importa, no solo a nosotros sino también a otros. En la charla Hari dice:

> Como puedes permitirte comprar una entrada para la conferencia TED, podrías permitirte beber vodka durante los próximos seis meses. Pero no vas a hacerlo. Y la razón por la que no vas a hacerlo es porque alguien te detiene. Es porque tienes vínculos y conexiones para quienes quieres estar presente. Tienes un trabajo que te gusta, y gente a la que quieres. Tienes relaciones saludables [...] Por lo tanto, una parte fundamental de la adicción es el hecho de no ser capaz de soportar el estar presente en tu vida.

Cuando no tienes relaciones significativas, buscas desesperadamente llenar ese vacío con algo más.

Ahora, más que nunca, nuestra cultura acepta y alienta la adicción. En su libro *Earth Making a Life on a Tough New Planet* [La Tierra creando vida en un nuevo planeta hostil], el ecologista Bill McKibben afirma: «Hemos evolucionado hasta un estilo de vida sin vecinos; como media, un estadounidense comparte la mitad

---

* N. del T.: Puedes ver la charla en YouTube con el título original *Everything You Think You Know about Addiction Is Wrong* y subtitulada en castellano.

de comidas con la familia y las amistades que hace cincuenta años. De media tiene la mitad de buenos amigos que en esa época». A pesar de estar fuertemente conectada a través de Internet, la gente se siente más sola que nunca. Y en su entorno solitario, las tentaciones adictivas jamás han sido tan intensas. De ese modo, queda atrapada en un ciclo destructivo, buscando constantemente llevar sus niveles de dopamina de vuelta a la normalidad.

Desgraciadamente, cuando has perdido la confianza en ti mismo como resultado de la búsqueda del placer, puede resultar difícil buscar y conseguir la ayuda de los demás. Probablemente tratarás de convencerte de que *antes* de acudir a la gente primero debes superar tu adicción. Después de todo, ¿quién iba a querer tener una relación contigo ahora? Por consiguiente, recurres a la fuerza de voluntad para intentar salir de tu adicción, y mientras tanto te mantienes al margen de la misma gente que podría ayudarte.

La clásica imagen de las arenas movedizas que se ve en las películas es incorrecta. La protagonista no se limita a ir desapareciendo, mientras que el héroe se lanza tras ella. Las arenas movedizas reales no te succionan y te tragan; te matan por medio de la deshidratación. La razón por la que algunos mueren en las arenas movedizas es porque están solos, sin nadie que los ayude. A medida que luchan por salirse, cada movimiento los hunde más profundamente en la arena hasta que solo queda su cabeza. Intentarlo a base de grandes dosis de fuerza de voluntad en realidad solo sirve para hundirse más. La fuerza de voluntad no funciona. Tampoco hacerlo solo.

Lo mismo que necesitas que alguien te saque de las arenas movedizas si quieres sobrevivir a la adicción, necesitas apoyo social para sacarte incluso de las adicciones aparentemente inofensivas como las redes sociales y la cafeína. Cualquier intento de hacerlo tú solo, por medio de tu determinación y tu fuerza de voluntad, solo te hundirá cada vez más en ellas.

Una amiga mía ingresó recientemente en un centro de rehabilitación durante seis meses. Se aseguró de que el entorno estuviera alejado de su ciudad natal, donde se encontraban su historia, su bagaje y las tentaciones. Enseguida descubrió que aquel nuevo entorno era el adecuado para enfrentarse a su lado oscuro, los demonios internos que llevaba años reprimiendo. Durante el primer o los dos primeros meses del tratamiento, su reacción fue permanecer alejada del grupo.

Sin embargo, con el tiempo se dio cuenta de que la única manera de salir de la adicción era entregarse. La vulnerabilidad es esencial. La conexión es la clave, y esto puede ser aterrador, especialmente cuando te han hecho tanto daño como a mi amiga. Joe Polish, experto en *marketing* y también en adicciones, es un ferviente partidario de cambiar el relato cultural en torno a la adicción. En lugar de ver a los adictos como gente mala, es importante ver la adicción como lo que es: una solución. Es una solución para aliviar el dolor.

Al final, cada adicto, y en realidad cualquier persona que busca la curación permanente y la transformación de su vida, necesita afrontar la misma amarga realidad a la que mi amiga se tuvo que enfrentar. No puedes vencer una adicción por medio de la fuerza de voluntad. No puedes cambiar tu vida por ti mismo. Necesitas a otros. Necesitas aprender a confiar en los demás. La transformación solo puede producirse a través de la colaboración, que requiere de dos o más personas. El conjunto se convierte en más que la suma de sus partes. En lugar de intentar ser el «autor» de tu transformación, te entregas totalmente a otra persona y te dedicas a una causa en la que crees. El psicólogo Viktor E. Frankl afirmó:

El verdadero significado de la vida es descubrirse en el mundo más que dentro del hombre o de su propia psique. He llamado a esta característica constitutiva «la autotrascendencia de la existencia humana». Cuanto más se olvida uno de sí mismo —al entregarse a una causa para servir u otra persona para amar— más humano es y más se realiza a sí mismo. Lo que se llama autorrealización no es un objetivo alcanzable en absoluto, por la sencilla razón de que cuanto más se esforzara uno en lograrla, más se alejaría de ella. En otras palabras, la autorrealización solo es posible como un efecto secundario de la autotrascendencia.

No hace falta ser brillante para tener relaciones saludables. Solo necesitas ser auténtico y genuino. Has de estar presente y preocuparte de verdad por los demás. Para esto tendrás que mantener el móvil alejado de ti durante largos periodos de tiempo. También necesitarás ser honesto acerca de tus valores, creencias y objetivos. Si no puedes ser honesto con otros acerca de quién eres y quién quieres ser, tus relaciones serán poco profundas. Deberías rodearte de personas que te quieran lo suficiente para exigirte que des todo lo que puedes dar de ti. En ocasiones, eso significa que los defraudarás. Pero si te expresas con sinceridad, la gente es muy comprensiva.

En la vida no hay absolutamente nada más importante que los demás. Nada. Ni siquiera tu brillante e impactante trabajo. Especialmente con tu cónyuge, hijos, familia cercana y amigos íntimos: es en esas relaciones donde puedes y debes hallar tu dicha y tu significado más profundos. Esas relaciones es lo que te conduce a ser y hacer todo lo posible en la vida. Pueden ser un aliciente increíble. En cuanto a mí, mi esposa y mis tres hijos son la razón por la que he moldeado mi vida y mi entorno de la manera en que lo he hecho. Mi meta principal en la vida es encargarme de que no les falte de nada y hacerlos sentir orgullosos.

Capítulo ocho

CREA DETONANTES PARA IMPEDIR EL AUTOSABOTAJE

Empleando la planificación de fallos

U n aspecto fundamental de tener entornos enriquecidos adecuados para el descanso es suplir externamente la necesidad de emplear la fuerza de voluntad. Sin embargo, no se pueden controlar todos los entornos. Algunas veces, estarás en situaciones en las que te sentirás tentado a actuar en contra de tus deseos y metas. En lugar de depender de la fuerza de voluntad, deberás crear una respuesta automática para lidiar con los desafíos. En otras palabras, necesitarás crear un detonante contra las tentaciones. Una vez que te sientas tentado a sabotearte, la misma tentación te servirá de detonante para hacer algo más positivo.

¿Suena complicado? Pues no lo es. Esto se llama *intenciones de aplicación*, y es una idea que se ha estudiado a fondo en psicología organizacional y motivacional. Una vez que hayas externalizado tus respuestas autodestructivas, creando un entorno que las desactive, tu nivel de reposo y recuperación se vuelve más profundo, porque se incrementa tu nivel de coherencia interna. Al nivel más fundamental, el descanso consiste en la coherencia y en permanecer en un estado de paz y confianza. No puedes tener confianza si continuamente actúas de maneras contrarias a tus metas.

Así es como funciona.

INTENCIONES DE APLICACIÓN

Las intenciones de aplicación consisten en saber con antelación lo que harás exactamente si te desvías de tu curso, así como en definir con precisión lo que significa para ti desviarse. Se trata de planear los fallos para que puedas responder diligentemente. Una forma de hacerlo es predeterminar las circunstancias en las que dejarás de esforzarte por tu objetivo. Por ejemplo, los corredores de ultramaratón establecen las circunstancias en las que abandonarán la carrera. Dicen: «Si pierdo por completo mi capacidad de visión, me detendré». Si no establecen previamente las condiciones, es probable que renuncien de forma prematura.

Un mantra de los SEALS* de la Armada dice: «Si no es *jodido*, no lo hacemos». Por desgracia, cuando tu

---

* N. del T.: principal fuerza de operaciones especiales de la Armada estadounidense.

mente se centra en lo difícil que es algo, ya sea que se enfoque en trabajar o en hacer ejercicio, tus posibilidades de vencer una adicción se alejan a marchas forzadas. La actividad en sí comienza a parecer imposible. Tu cerebro busca dopamina en cualquier forma de distracción que pueda encontrar. Y, en la mayoría de los casos, terminas cediendo. En lugar de esto has de tener intenciones de aplicación. La manera de hacerlo es programar una respuesta «si sucede X...» cuando te encuentres en circunstancias difíciles. Aquí tienes un par de ejemplos:

- Si siento la tentación de revisar mi correo mientras trabajo, me levanto del asiento y hago veinte flexiones.
- Si entro en la cocina y me siento tentado a abrir el frigorífico y picar algo, me beberé un vaso grande de agua.

Una de las razones principales por las que estas respuestas automáticas funcionan es porque desvían la atención de la tentación. El antojo suele desaparecer, si puedes distraerte durante unos segundos. Además, al seguir adelante con tu plan y vivir de modo consecuente con tus objetivos, sentirás un aumento de la confianza en ti mismo, mucho más duradero que una subida de dopamina.

Investigaciones realizadas con niños han demostrado que imaginar tanto los obstáculos a sus objetivos como sus respuestas de «si sucede X...» mejoró las calificaciones de los estudiantes, la asistencia a clase y la conducta dentro del aula. Además, y no es de extrañar, diferentes estudios han llegado a la conclusión de que las intenciones de aplicación pueden mejorar de forma contundente y sistemática la gestión del tiempo. ¿Por qué? Porque planear lo peor que puede ocurrir te pone los pies en la tierra. Las circunstancias casi nunca son perfectas. Y si tienes un plan para el caso de que todo se vaya a pique, no actuarás de modo reactivo e inconsciente. En lugar de eso, confiarás en tu plan y te ceñirás conscientemente a él. Sabrás, para empezar, por qué estableciste ese plan, porque tienes metas mucho más valiosas para ti que una subida momentánea de dopamina.

Otras investigaciones han demostrado que la creación de intenciones de aplicación puede aumentar la claridad mental acerca de los objetivos. Tener un plan (incluso uno en el que planees fallar) es motivador y despeja la niebla mental que pueda existir entre tú y tus metas. Es interesante resaltar que la mayor lucidez mental puede ayudarte a ser más consciente de cuándo estás en una situación similar a otra en la que has estado anteriormente. Por lo tanto, puedes responder instintivamente y con mayor facilidad a las señales negativas de tu entorno, al tiempo que descartas las falsas alarmas.

La combinación de una mejor claridad mental, un aumento de la motivación y una mayor sensación de control forma un potente cóctel contra las tentaciones y los detonantes de acción perjudiciales. Ciertamente, la meta no consiste en alcanzar la perfección. Pero ¿por qué no tomar la iniciativa en lo que respecta a vivir de acuerdo con tus valores e intenciones más elevados? ¿Por qué convertirse en el producto involuntario de un entorno conflictivo? ¿Por qué vivir una vida de arrepentimiento? Si te tomas en serio vivir al nivel más elevado, tendrás que planear lo peor que puede suceder y saber exactamente cómo vas a responder.

EMPLEANDO LA PLANIFICACIÓN DE FALLOS

Desarrollar intenciones de aplicación crea un fuerte vínculo mental entre el componente «si sucede X...» y sus consecuencias. El objetivo es que tu respuesta a la situación crítica se ponga en marcha de forma automática una vez recibida la señal. Es mejor que practiques tu respuesta «si sucede X...» hasta que se convierta en un detonante que salte al sentir una tentación. No puedes contentarte con ceder a la tentación y decir «la próxima vez». Tienes que vigilarte para asegurarte de que haces lo que te dices a ti mismo que vas a hacer. Así es no solo como desarrollas un hábito, sino también como desarrollas la seguridad y la confianza en ti que necesitas. De esta manera tendrás una estrategia planificada para cuando te encuentres en tu peor momento, y será mucho menos probable que ni siquiera llegues a ese punto ya que te habrás convertido en una persona más segura.

Tu comportamiento planeado de antemano debe iniciarse inmediatamente y con eficiencia, sin necesidad de más determinación o reflexión. Ha de ser muy sencillo, aunque su aplicación es más que una simple hoja de ruta; es un detonador automatizado, un estímulo externo (un olor, una habitación, una persona, una canción, etc.) que desencadena una reacción ensayada. Y eso significa conocer a la perfección, incluso visceralmente, cómo son las circunstancias que podrían llevarte al fracaso.

Durante más de una década mi primo Jesse fue un fumador empedernido que fumaba varios paquetes al día. Hace tres años lo dejó radicalmente. Cada vez que se siente muy estresado y le entran ganas de fumarse un cigarrillo, se dice a sí mismo: «Si fuera fumador, esta es una de las veces en las que fumaría». Luego sigue con lo que estaba haciendo. Una intención efectiva de aplicación puede ser algo tan sencillo como un recordatorio mental. Este detonante funciona para Jesse porque el hecho de que ya no se ve a sí mismo como fumador tiene mucha importancia para él. Y esta profunda determinación lo ha ayudado a entrenar su cerebro para que recuerde automáticamente ese hecho cuando siente la tentación de fumar.

Mi hermano menor, Trevor, tiene una estrategia estupenda cuando siente ganas de jugar a un videojuego al que está enganchado. En el momento en que siente la tentación o la atracción emocional de jugar, saca su diario y anota sus sensaciones. Escribe que acaba de sentir ese impulso de jugar al videojuego. Luego, durante unos momentos, hace ejercicios de estiramiento.

De no disponer de esta estrategia, su comportamiento predeterminado sería el de responder de forma inconsciente a las señales de su entorno. Desafortunadamente para él, un gran número de desencadenantes de su entorno actual están asociados con su videojuego. Así que se ve continuamente tentado a jugar. Sin embargo, esos lazos del entorno con sus videojuegos se van reduciendo cada vez más a medida que reorienta su respuesta automatizada y sustituye su adicción por algo más provechoso. Esta es otra razón por la que las intenciones de aplicación son fundamentales: en realidad no se puede superar una adicción sin reemplazarla por otra. Hay que llenar el vacío; y para eso debes emplear una estrategia.

VISUALIZA EL PROCESO, NO SOLO EL RESULTADO

Aunque escribir y visualizar la consecución de tu objetivo es muy útil, también es esencial describir por escrito y visualizar el proceso que te lleva a él. La investigación ha demostrado que cuando visualizas el proceso, imaginando los obstáculos a tus metas y cómo te enfrentarás a ellos, aumenta el rendimiento y disminuye la ansiedad.

¿Quieres probarlo? Toma un trozo de papel y un bolígrafo o un lápiz y haz esto:

- Piensa en tu meta principal.
- Escríbela.
- Date un plazo para alcanzarla, preferentemente uno bastante corto.
- Imagina todos los obstáculos potenciales a los que te enfrentarás para lograr ese objetivo.
- Anota esos obstáculos.
- Ahora piensa en una respuesta para cada uno de esos obstáculos.
- Anota tus respuestas «si sucede X...» a todos los obstáculos que imaginaste.
- Describe las circunstancias en las que abandonarás por completo.

Al imaginar primero las diversas formas que puede tomar el fracaso y luego planificar tus respuestas automáticas a cada una de esas situaciones, puedes comenzar a entrenar tu cerebro para ponerlo en acción mucho antes de que lo necesites. Sin embargo, hay algunas advertencias importantes que deben tenerse en cuenta. Obviamente, si no estás muy comprometido con una meta, es probable que tu respuesta de «si sucede X...» sea ineficaz. Además, si tienes poca confianza en tu capacidad para triunfar, probablemente no lo harás, por muy elaborado que sea tu plan.

Otras investigaciones han demostrado que las respuestas de «si sucede X...» específicas son mucho más efectivas que las respuestas de «si sucede X...» vagas. Te prepararás para el éxito mucho mejor con algo como «si entro en la cocina y siento ganas de comer galletas...» que con una respuesta del tipo «cada vez que quiera comer comida basura...». Al igual que con la visualización y la fijación de objetivos, cuanto más específico sea tu plan de fracaso, más fácil será implementarlo y, con suerte, seguir en la senda hasta finalmente alcanzar el triunfo.

CONCLUSIÓN: CÓMO USAR LAS INTENCIONES DE APLICACIÓN

Un componente esencial de la creación del entorno es encargárselo a tu memoria funcional o a corto plazo.

Es mejor no tener que pensar conscientemente sobre tus comportamientos y decisiones. En lugar de eso, deberías crear entornos que fomenten de forma natural el comportamiento que deseas. Te conviene crear entornos que saquen lo mejor de ti, que te permitan recuperarte, restablecerte y reconectarte.

Tras trabajar con muchos adictos en mi vida, he descubierto que cuando sientes unos deseos irreprimibles de algo, hay unos momentos que son una verdadera tortura y que deciden tu triunfo o tu fracaso.

Por lo general, si puedes distraerte durante esos escasos momentos, los deseos desaparecen. Y debido a que la adicción es lo opuesto a la conexión, es mejor tener a alguien a quien puedas llamar enseguida. Lo peor que puedes hacer es confiar en ti mismo. Ser «independiente» no te ha servido en el pasado. Confía en tus seres queridos. Tus vínculos y tus conexiones te salvarán.

Las intenciones de aplicación no solo tienen que servir para situaciones momentáneas, también pueden utilizarse en un sentido más amplio. Hay veces en que uno está atravesando un bache en la vida y necesita un reajuste. En esos casos, se necesitan estrategias claras y automatizadas. Por automatizada entendemos cualquier cosa que se hace depender del entorno. Cuando todo se descontrola, podrías tener un lugar al que ir a meditar, escribir tu diario, hacer excursiones, pasear, correr o sencillamente pensar. No podemos controlar la vida, por más organizados, inteligentes o geniales que seamos. Hay momentos en que las cosas van cuesta abajo y perdemos de vista lo importante y nuestra conexión con los demás y con nosotros mismos.

Es parte del proceso de la vida, pero no tiene por qué ser algo negativo. Puede ser bueno si dispones de un sistema para afrontarlo cuando sucede. Cada vez que estoy en una crisis personal profunda, hay tres seres queridos a los que llamo inmediatamente. Los tres son muy diferentes, pero han sido factores clave durante las épocas cruciales de mi vida.

Después de hablar con cada uno de ellos, saco mi diario y empiezo a escribir. Inevitablemente, comienzo por mis metas, aquello por lo que lucho y lo que más me importa. El diario es sin duda una de las herramientas de regulación emocional más poderosas y a mí me sirve como una sesión de terapia diaria. Escribir a bolígrafo ralentiza el proceso de escritura y esto le da a mi mente tiempo para concentrarse y también para divagar unos momentos. Este acto permite que la inspiración fluya, especialmente porque paso unos minutos meditando y rezando *antes* de sacar el diario. Intento entrar en un espacio mental en el que escribir resulte estimulante y eficaz.

Tercera parte

EXTERNALIZA TU ALTO RENDIMIENTO Y TU ÉXITO

Capítulo nueve

ESTABLECE «FUNCIONES DE FORZAMIENTO» EN TU ENTORNO

Provoca el cambio

Cuando te atribuyes la causa de algo a ti mismo, en lugar de a tu situación, cometes lo que los psicólogos llaman el *error fundamental de atribución*. Desde la pasada década de los sesenta, los estudios han confirmado, una y otra vez, que aun siendo plenamente conscientes de que alguien actúa de cierta manera debido a factores externos, le atribuimos directamente a él su comportamiento.

Tomemos la política como ejemplo. Si alguien votó a un determinado partido político, es probable que asumas que es porque ese es el tipo de persona que es. Subestimas la importancia de su entorno en la toma de esa decisión. Del mismo modo, cuando alguien se te cruza en la carretera, es probable que inmediatamente pienses que es un desconsiderado y un insensato, en lugar de preguntarte si volvía a toda velocidad a su casa para recoger a su hijo enfermo.

Los psicólogos se están volviendo muy conscientes de lo mucho que influyen los factores externos en la conducta. Ahora, en lugar de limitarse a examinar, por ejemplo, cómo influye la inteligencia de un niño en sus exámenes, los investigadores examinan cómo las variables de «nivel superior» juegan también un papel en sus calificaciones. Entre estas variables pueden figurar el tamaño del aula, la profesionalidad del maestro, la vida hogareña del niño, el estatus socioeconómico de su familia, el tiempo que hace ese día, y otros muchos elementos más.

En el capítulo anterior expliqué en detalle cómo tu entorno configura cada aspecto de tu vida, desde tus objetivos y tu mentalidad hasta tu rendimiento y tu capacidad de triunfar. Si tu objetivo en la vida es tener éxito, el siguiente paso consiste en determinar qué entornos producen los mejores resultados. Este capítulo detalla los componentes fundamentales de los entornos «enriquecidos», circunstancias que te obligan a rendir a un nivel superior. Un componente inherente de estos entornos es que suscitan *eustrés*, que genera concentración y crecimiento.

EL PODER DE LAS SITUACIONES

En 1982 Tony Cavallo estaba revisando la amortiguación de su Chevy Impala de 1964 cuando el gato que sostenía el vehículo se rompió y el coche le cayó encima, dejándolo atrapado en la cavidad de la rueda. Al oír el fuerte ruido, la madre de Tony, Angela, salió corriendo y se encontró a su hijo atrapado e inconsciente bajo el coche. Comenzó a gritar para que los vecinos la ayudaran, pero en el estado inducido por la situación, alzó instintivamente el coche de su hijo, que pesaba casi dos toneladas, hasta una altura suficiente para que algunos vecinos se apresuraran a volver a colocarle unos gatos. Luego sacó el cuerpo de Tony de debajo del vehículo.

Piensa en la misma situación y cambia una variable: imagina que Tony no hubiera quedado atrapado bajo el coche ni se hubiera puesto a pedir ayuda a gritos temiendo por su vida. Imagina que sencillamente hubiera llamado a su madre y le hubiera pedido que levantara el coche. Es prácticamente imposible que lo hubiera conseguido. Pero esa situación despertó su lado más profundo y poderoso. Ese entorno la llevó a encontrar dentro de sí una fuerza sobrehumana.

En 1928, en uno de los partidos de la final de la Copa Stanley* entre los New York Rangers y los Montreal Maroons, el portero de los Rangers, Lorne Chabot, sufrió una herida en el ojo a consecuencia del impacto de un disco y hubo de abandonar el juego en la segunda parte (la protección de los cascos no fue obligatoria hasta 1979). Desafortunadamente para los Rangers, en aquel tiempo no era normal tener porteros de

---

* N. del T.: famosa competición de *hockey* sobre hielo.

reserva. Según las reglas del juego, en tales situaciones el entrenador del equipo contrario debe dar permiso para cualquier sustitución. Aunque, casualmente, Alec Connell, un portero estrella que jugó con los Ottawa Senators, se encontraba en las gradas viendo el juego, el entrenador de los Maroons, Eddie Gerard, se negó a permitir la sustitución. Al fin y al cabo, quería ganar.

En un acto de desesperación, los Rangers convencieron al entrenador, Patrick Lester, para que se pusiera el equipo de portero. Aunque había sido un gran jugador, nunca había jugado como arquero.

A la edad de cuarenta y cuatro años, Lester se colocó los protectores de guardameta por primera vez en su vida y se convirtió en el jugador de mayor edad de la historia en jugar la Copa Stanley.

De las gradas salió Odie Cleghorn, que por aquel entonces era entrenador del equipo de béisbol de los Pittsburgh Pirates, para sustituirlo en su puesto durante el resto del partido. La nueva situación requería una estrategia distinta. Su nuevo plan de juego consistía en procurar llevar constantemente el disco de la mitad del campo hacia los Maroons para alejarlo de Lester. Aunque no era la mejor estrategia ofensiva, preferían no arriesgarse. Lo asombroso es que Lester jugó increíblemente bien; paró diecinueve tiros a puerta y solo le marcaron un gol. No dijo: «No he jugado nunca como portero, por eso no voy a ser capaz». Estuvo a la altura de las exigencias de la situación y los

Rangers vencieron en la prórroga y, con el tiempo, ganaron la competición de la Copa Stanley. Según el doctor Martin Seligman, antiguo director de la Asociación Estadounidense de Psicología, existen varias diferencias psicológicas entre los pesimistas y los optimistas. En particular, los pesimistas enseguida consideran los acontecimientos negativos como una parte permanente de su identidad. Ellos (o la vida en general) son el problema, y no hay nada que se pueda hacer al respecto. Por el contrario, un optimista tiende a considerar los acontecimientos negativos como algo *circunstancial*, de corta duración y específico. Cuando algo va mal para un optimista, este se centra en los factores circunstanciales y crea una estrategia para poder cambiar esos factores en el futuro.

INTRODUCCIÓN DE LAS FUNCIONES DE FORZAMIENTO

Una forma eficaz de optimizar tu entorno es mediante la estructuración de las *funciones de forzamiento*, es decir, factores de la situación autoimpuestos que te obligan a actuar y lograr lo que pretendes. Por ejemplo, cuando te dejas a propósito el móvil en el coche al volver a casa del trabajo, fomentas un entorno enriquecido de descanso y recuperación que propicia que estés presente con tus seres queridos. El acto de dejar el teléfono móvil fuera de tu proximidad inmediata te obliga a actuar como querías. Además, es sencillo: el móvil no está cerca. No puedes usarlo si no lo tienes a mano.

Las funciones de forzamiento tienen esta mezcla de utilidad y simplicidad: conviertes un comportamiento que te gustaría exhibir en algo que *tienes que hacer*. Se convierte en tu antídoto para el autosabotaje. En lugar de depender de la fuerza de voluntad, o de mentirte a ti mismo diciéndote que no vas a sacar el móvil sin darte cuenta para mirarlo mientras lo tengas en el bolsillo, se elimina esa opción por completo. Y esa es la definición misma de una función de forzamiento: una restricción implantada en tu entorno que te impide cometer ciertos errores.

Un aspecto en el que las funciones de forzamiento son extraordinarias es que contribuyen a liberar tu memoria funcional. En lugar de preocuparte por lo que debes hacer o tener que controlar de manera constante y consciente tu comportamiento, has creado un entorno que propicia las conductas deseadas. Así puedes estar presente en el momento y con tus seres queridos. Puedes centrarte en *sus* necesidades porque no estás constantemente esforzándote para satisfacer las tuyas. Puedes ser más consciente de las situaciones en las que te encuentras, y así tener un mayor discernimiento de las necesidades del momento presente.

Las funciones de forzamiento consisten en tomar una decisión que haga más fáciles o irrelevantes las demás decisiones. Por ejemplo, eliminar todas las aplicaciones de medios sociales de mi iPhone me impide tener que decidir si voy a revisar mi cuenta de Twitter cada treinta minutos. A veces, debido a la costumbre, sacaré el móvil sin darme cuenta para mirar Twitter y veré que la aplicación no está. Esto me recordará la sabia decisión que tomé anteriormente para protegerme de mi autosabotaje.

A menudo, mantener tus opciones disponibles es abonar el terreno para seguir estancado y fracasar. Es mejor eliminar a propósito las opciones que ya sabes que pueden ser placenteras pero que, en última instancia, te distraen o incluso son destructivas. Puedes configurar toda tu vida de esta manera. Y tendrás momentos en los que agradecerás a tu ser anterior que haya tomado una decisión enérgica que influye en las experiencias que estás teniendo ahora.

DEFENSAS EXTERNAS PARA PROTEGERTE
DE TI MISMO Y DEL MUNDO EXTERIOR

Si te tomas en serio tus objetivos, no los dejarás al azar. Por el contrario, construirás varios *sistemas externos de defensa* alrededor de ellos. No se trata de la mentalidad, la fuerza de voluntad, la actitud, la autoestima, ni siquiera la disciplina. En lo que consiste el verdadero compromiso es en crear un entorno que propicie estas fortalezas internas haciéndolas subconscientes e instintivas.

Uno de mis ejemplos favoritos es el del empresario Dan Martell. Unas cuantas veces por semana, va con su portátil a un espacio compartido de trabajo o una cafetería y, a propósito, se deja el cable de alimentación en casa. Esto le da unas pocas horas de vida a la batería para hacer su trabajo, lo que lo motiva a esforzarse al máximo durante esas pocas horas. Además, se comprometió con su esposa a recoger diariamente a su hijo de la guardería a las cuatro y media de la tarde. Sabiendo que su jornada laboral termina a las cuatro, es mucho más eficiente y está mucho más centrado que cuando disponía de todo el tiempo del mundo para hacer las cosas. Martell explica:

> Si te lo tomas en serio, a veces tienes que lanzarte de cabeza. No porque sea necesario, sino porque es lo que te va a proporcionar mayores probabilidades de un resultado positivo. No se trata de priorizar o decir no, sino de establecer el entorno adecuado para que seas productivo.

Estas funciones de forzamiento diseñadas estratégicamente sirven como *detonantes del estado de fluidez*, porque te obligan a entrar en el momento y en lo que estás tratando de hacer. El estado de fluidez es ese estado mental en el que te hallas completamente absorto e inmerso en una actividad. Mientras permaneces en estado de fluidez, te sientes lleno de energía, enfocado y completamente involucrado con lo que estás haciendo. En lugar de estar semidistraído, como la mayoría de las personas cuando realizan una tarea, el estado de fluidez solo se produce cuando te sumerges *completamente en el momento*. Totalmente presente. Tu entorno y tus metas están unidos. En este estado de alerta el tiempo se ralentiza, y esto te permite un mayor control cognitivo sobre tu situación. Mientras más detonantes del estado de fluidez puedas desarrollar en tu entorno, más presente estarás y mejor actuarás.

ESTABLECIENDO FUNCIONES DE FORZAMIENTO EN TODOS LOS ASPECTOS DE TU VIDA

En el trabajo corriente de oficina se espera muy poco de los empleados, pese a que la sensación es de exigencia. Se les pide que realicen su trabajo, pero rara vez que hagan algo que nunca antes habían hecho. No se ven obligados a desempeñar un papel que requiera un alto nivel de responsabilidad y compromiso. No deben comprobar su progreso diario e informar sobre él. Si su productividad es baja, las consecuencias son menores o inexistentes. El resultado es que trabajan con el móvil al lado del escritorio y con múltiples páginas abiertas en el navegador de Internet que reclaman su atención. Nunca o casi nunca experimentan el estado de fluidez ni están profundamente comprometidos con su labor. Se pasan distraídos la mayor parte de la jornada laboral. Y están continuamente mirando el reloj, esperando el momento de volver a casa.

Un entorno enriquecido es casi exactamente lo opuesto a las condiciones normales en las que se encuentra la mayoría. Un entorno enriquecido implica que estás plenamente comprometido y presente en el momento. El estado de fluidez mental es el *estado normal* en este tipo de entornos, porque las reglas se han establecido así. Crea entornos enriquecidos alterando las reglas en forma de funciones de forzamiento. Las funciones de forzamiento más potentes son:

- Una inversión elevada.
- La presión social.
- Las graves consecuencias de un bajo rendimiento.
- Una dificultad elevada.
- La novedad.

Cuanto más de estos componentes puedas introducir en tu entorno, más enriquecido estará. Su riqueza se puede medir por la regularidad con que te encuentres en un estado de fluidez mientras permanezcas en ese entorno. Si introduces varias funciones de forzamiento en tu entorno, el estado de fluidez será tu forma natural de operar. Por consiguiente, rendirás a un nivel extremadamente elevado en todo lo que hagas.

UNA INVERSIÓN ELEVADA

En economía, existe un principio conocido como la *falacia del coste hundido*. La idea es que cuando inviertes en algo y lo tienes en propiedad, lo sobrevaloras. Esto lleva a la gente a seguir caminos o llevar a cabo actividades que claramente deberían abandonar. Por ejemplo, a menudo permanecemos en relaciones terribles simplemente porque hemos invertido una gran cantidad de nosotros mismos en ellas. O alguien puede seguir aportando dinero a un negocio que es claramente una mala idea en el mercado. A veces, lo más inteligente que uno puede hacer es abandonar. Aunque esto es cierto, también se ha convertido en un argumento manido y usado hasta la saciedad.

El coste hundido no siempre tiene que ser algo negativo. En realidad, puedes aprovechar esta tendencia humana en tu beneficio. Al igual que algunos invierten una gran cantidad de dinero en un entrenador personal para asegurarse de cumplir con su compromiso, tú también puedes invertir mucho por adelantado para asegurarte de que seguirás en el camino en el que deseas estar.

En 2002, con el ascenso del número de personas concienciadas con su salud, Kelly Flatley decidió dejar su trabajo como coordinadora de *marketing* para vender la receta de granola que había perfeccionado en la universidad. Tras hacer un número limitado de pruebas con los amigos y la familia, confiaba en su producto, que no escatimaba en ingredientes de calidad, contenía suplementos sanos y no incluía aditivos. Pero confiar en su producto no era suficiente. Tenía que hacer una inversión que le cambiara la vida, así que invirtió sus ahorros y su tiempo en alquilar una cocina comercial donde elaboraba a mano su granola desde aproximadamente las ocho de la noche hasta las dos de la mañana, diariamente. Tras conseguir un socio para el negocio, ninguno de los dos recibió un salario durante los dos primeros años. Su dedicación la llevó de vender granola en eventos de la comunidad, a la venta de la empresa apenas seis años más tarde a una subsidiaria de la compañía Kellog's por sesenta millones de dólares.

Las investigaciones han demostrado que cuando tienes una mentalidad de crecimiento, es mucho más probable que sigas adelante cuando las cosas no van bien. No miras los fracasos del mismo modo que la mayoría de la gente. En lugar de como algo negativo, ves los errores como información, algo de lo que aprender. Por lo tanto, a los individuos altamente comprometidos y con una mentalidad de crecimiento, los demás a menudo los consideran ridículos y propensos al riesgo. Con tanta retroalimentación negativa y tantos fracasos, lo *lógico* sería abandonar. Sin embargo, sigues adelante *no solo* por lo que has invertido, sino porque por dentro sabes que debes seguir avanzando. No te importa cuántas veces fracases, ni lo que la gente piense de ti. Seguirás intentándolo una y otra vez hasta que tengas éxito o ya no puedas seguir intentándolo más.

¿Cómo puedes invertir más de ti mismo y de tus recursos en tus objetivos como una función de forzamiento?

LA PRESIÓN SOCIAL

Tim Ferriss explica cómo consiguió por fin desarrollar el hábito de la meditación diaria, tras años de intentarlo. La presión social lo obligó a desarrollarlo cuando comenzó una práctica particular de meditación que implicaba la obligación de contárselo a alguien. En sus propias palabras: «Si le has dicho a alguien que la próxima vez que lo veas habrás meditado un par de veces, te sientes como un imbécil si no lo haces». Parece algo muy sencillo, pero la lección que se desprende de este ejemplo es poderosa.

Si quieres correr un maratón, piensa en cómo lo enfocarías usando esa estrategia. Comenzarías por una inversión inicial, registrándote para la carrera unos meses por adelantado. Luego declararías públicamente, en persona y a través de las redes sociales, que te has inscrito en una carrera. Como ha demostrado la investigación psicológica, cuando haces público un compromiso, experimentas una sensación de presión social para ser coherente con lo que has dicho. Además, conseguirás que numerosas personas se comprometan también a correr la carrera contigo. Necesitas gente a tu alrededor que sea fuerte en los días en que te sientes débil, gente que corra contigo (siempre es mejor que sea más de una persona). Y harás un seguimiento de tus progresos e informarás de ello a otros. Puedes incluso convertirlo en una competición con premios y castigos. Por ejemplo, si pierdes una de las carreras, te obligas a invitar a tus compañeros a una cena de lujo.

Si quieres realizar un proyecto rápidamente, lo único que tienes que hacer es decirle a tu jefe (o a tu responsable inmediato) que lo tendrás para una fecha específica. Elige una fecha mucho más próxima de lo que te resulte cómodo. Es posible que algunas noches tengas que quedarte hasta tarde. Pero nunca te esforzarás más en tu vida. De nuevo, no es la fuerza de voluntad lo que te está conduciendo, sino la presión externa, presión que tú has creado intencionalmente porque te obliga a alcanzar tus metas.

¿De qué maneras puedes añadir presión social a tus metas y proyectos actuales?

LAS GRAVES CONSECUENCIAS DE UN BAJO RENDIMIENTO

La valentía puede desarrollarse. Pero no se puede nutrir en un entorno que elimine todos los riesgos, todas las dificultades, todos los peligros. Se necesita una valentía considerable para trabajar en un entorno donde la recompensa depende por completo del propio desempeño. La mayoría de los ricos son valientes. ¿Qué prueba apoya esta afirmación? Casi todas las personas adineradas de Estados Unidos son dueños de negocios, o empleados que cobran a base de incentivos.

Doctor Thomas Stanley

Si engordaras en el instante en que comieras un helado, no te lo comerías. Si contrajeras cáncer de pulmón en el momento de fumar un cigarrillo, definitivamente no te lo fumarías. Si tus sueños se destrozaran justo cuando te pusieras a mirar Facebook, probablemente no pasarías mucho tiempo mirándolo. Si tu matrimonio se rompiera en el preciso momento en que empezaste a pensar cosas terribles sobre tu cónyuge, es posible que encontraras la forma de transformar tu pensamiento.

Sin embargo, cuando estás operando en un nivel elevado, las consecuencias de tus acciones son mucho más inmediatas. Por ejemplo, si Michael Phelps[*] hubiera comenzado a fumar y comer mal mientras competía, se habría producido una bajada inmediata de su rendimiento. La razón es sencilla: estaba operando a un nivel muy alto. Es más, las consecuencias de fracasar en ese nivel también son altas. Si Phelps no se esforzaba en los ejercicios, o se saltaba un día de entrenamiento, esa podría ser la diferencia entre una medalla de oro y no llegar ni siquiera a clasificarse. Cuando estás operando a un nivel mediocre, hay más espacio para los errores y atajos, por eso la gente los toma. No estás obligado a caminar al filo de la navaja un día tras otro. ¿Por qué ibas a hacerlo?

Con el fin de llegar a tu nivel más alto y mantenerte en él, tu rendimiento diario, por hora e incluso minuto a

---

[*] N. del T.: Michael Fred Phelps II es un nadador de competición estadounidense ya retirado y el deportista olímpico ganador de más medallas de todos los tiempos, con un total de veintiocho (Fuente Wikipedia).

minuto, debe significar algo. Piensa en las graves conse-cuencias del fracaso. No solo consecuencias sociales, sino consecuencias a un nivel esencial. Imagínate que estás intentando lanzar una empresa y que los fondos se están agotando; te concentrarías con todas tus fuerzas. Imagina que estás entrenando para algo grande y no puedes darte el lujo de tomarte un descanso. Mete a otras personas en tus metas para que tengas que rendirles cuentas.

Hay una lección sobre los tipos de entornos que podemos crear para nosotros mismos. Si tus exigencias para ti mismo son altas, y estás rodeado de gente que te mantiene a un nivel elevado, *se espera* que rindas bien. Si no haces tu trabajo, lo pones todo en peligro. Porque cuando estás en el nivel más alto, las cosas tienen que funcionar eficientemente o se vuelven mediocres como todo lo demás. Por tanto, a este nivel tienes que rendir cuentas ante ti mismo y ante quienes confían en ti.

Echa un vistazo a tu situación actual. ¿Cuáles son las consecuencias si no rindes a tu nivel más alto?

¿Cómo puedes hacer que las consecuencias de tus acciones sean más sobresalientes y motivadoras?

UNA DIFICULTAD ELEVADA

Los entornos duros y hostiles nos enseñan. Y
nos enseñan utilizando el miedo real.

Michael Gervais

En una historia contada por el educador y líder religioso doctor David Bednar, un hombre joven acababa de comprarse una camioneta. Necesitaba leña y pensó que era una gran oportunidad para probar su nuevo vehículo. Tras conducir por las montañas nevadas y fuera de cobertura para el móvil, encontró un lugar para aparcar cerca de unos árboles. Salió de la carretera y se quedó atascado en la espesa nieve. Desesperado, intentó salir por todos los medios. Cuando pasó de la marcha atrás a primera y las ruedas comenzaron a girar, su camioneta se hundió cada vez más. Puso ramitas bajo el neumático atascado con la esperanza de que le proporcionarían tracción, pero fue en vano. Usó una pala y trató de cavar alrededor de la rueda, pero estaba demasiado hundida. Al final, se desanimó por completo. El sol estaba descendiendo y el aire se volvía terriblemente frío.

No tenía claro qué podía hacer. Rezó una sencilla oración y sintió la necesidad de empezar a cortar leña. Trabajó durante unas horas, talando árboles y colocando trozos grandes en la parte trasera de su camioneta. Cuando la camioneta quedó llena, entró en ella y la arrancó. Después de un momento de silencio lleno de humildad, trató de moverla marcha atrás. La pesada carga de madera proporcionó la tracción necesaria para salir de la nieve y volver a la carretera. Sin la carga de madera en su camioneta, habría permanecido atascado.

La mayoría de la gente cree erróneamente que la felicidad consiste en la ausencia de cargas. Queremos que la vida sea fácil, sin retos ni dificultades. Sin embargo, es por tener una carga por lo que podemos ejercer la tracción necesaria para avanzar en nuestras vidas. Nuestros hombros se desarrollan para soportar el peso sobre ellos. Cuando no cargamos con un peso sustancial de responsabilidad personal, podemos rápidamente atascarnos como el camión de aquel hombre en la nieve.

Esto lo he visto hacerse realidad en mi propia vida. Solo cuando me convertí en padre adoptivo (ciertamente una carga sustancial) fui capaz de conseguir la tracción necesaria para sacar adelante mi carrera de escritor. Antes de llevar esa carga personal, era un poco complaciente. Me faltaba empuje. A pesar de querer con toda mi alma convertirme en escritor, carecía de la tracción necesaria para avanzar. Mi situación no me obligaba a triunfar y no había arriesgado excesivamente. Tenía mucho margen de maniobra y pensaba que lo conseguiría algún día.

LA NOVEDAD

Cuando haces algo que no has hecho nunca, es natural que estés más concentrado e involucrado. La primera vez que tu cerebro se enfrenta a una nueva información, ha de esforzarse más. Estás conectando algo nuevo a tu modelo mental existente, reconfigurando así la composición química de tu cerebro. Esto no solo te mantiene enfocado, sino que también te transforma como persona. Te mantiene vivo y en crecimiento, en lugar de pasivo y estancado.

Por el contrario, cuando se hace lo mismo una y otra vez y en los mismos entornos, es fácil dejar de estar presente. A tu cerebro no le hace falta asimilar una nueva información en su modelo existente. No te enfrentas al desafío de la necesidad de resolver las cosas. De ahí que Napoleon Hill dijera que «a menudo, sufrir una gran conmoción ayuda al cerebro atrofiado por el hábito».

Al exponerte a nuevas ideas, a nuevas experiencias o a circunstancias que durante mucho tiempo has temido, tendrás lo que los científicos sociales llaman un *dilema desorientador*. Esto suele darse cuando la gente viaja a países extranjeros, pero puede incluso ocurrir realizando actividades que nunca has hecho antes. Un dilema desorientador es cuando, de algún modo, tu modelo mental se ve alterado por la exposición a nuevas ideas o experiencias que contradicen tu actual forma de pensar.

Sin embargo, estar desorientado y pasar por una experiencia de aprendizaje transformacional no significa que pierdas la fe en todo lo que alguna vez creíste. Más bien, se trata de eliminar las formas ineficaces y perjudiciales de pensar y de ver las cosas. Por ejemplo, cuando viajas a un país extranjero, puedes darte cuenta de que tenías prejuicios francamente inadecuados contra ciertos tipos de personas.

Cuanta más novedad incorpores a tu vida y a tu entorno, más te involucrarás. Cuantas más conexiones establezcas en tu modelo mental, de más dispondrás en el trabajo que realizas. Cuanto más amplias y audaces sean las conexiones, más innovador podrá ser tu trabajo.

¿Todos los días sigues la misma rutina? Si es así, ¿cómo vas a poder cambiar? Cuando las cosas son nuevas y diferentes, aunque se trate solo de mover los muebles de sitio, es mucho más fácil estar presente en el momento, en lugar de distraído y apático en la rutina de lo cotidiano.

RESUMEN

Puedes crear entornos enriquecidos mediante el uso de funciones de forzamiento. Las más poderosas son:

- Una inversión elevada.
- La presión social.
- Las graves consecuencias de un bajo rendimiento.
- Una dificultad elevada.
- La novedad.

¿De qué manera puedes comenzar a instalar estos componentes del entorno en tu propia vida?

Capítulo diez

MÁS QUE BUENAS INTENCIONES

Cómo adaptarse a entornos nuevos y difíciles

U n joven discípulo le preguntó una vez al filósofo Epicteto cómo debía actuar en cada situación. Epicteto respondió: «Lo mejor sería decir: "Haz que mi mente se adapte a cualquier circunstancia"». En nuestro mundo de soluciones y arreglos rápidos, la gente está cada vez más condicionada a necesitar instrucciones muy específicas para hacer casi todo. En un mundo en constante cambio, en el que tenemos que ser más adaptables, la mayoría lo es cada vez menos.

Ser adaptable es cuestión de cómo aprendes. Se trata de ser consciente de tu entorno y de cómo recabar de él la mejor información y los mejores recursos. Además, ser adaptable consiste en controlar tu entorno, en lugar de que él te controle. Si eres un aprendiz verdaderamente flexible, no te quedarás estancado en un entorno durante mucho tiempo. Aprenderás rápidamente lo que este tiene que ofrecerte y luego pasarás a entornos nuevos y más difíciles.

Lo mismo que sucede con los videojuegos, no avanzas al siguiente nivel hasta que no superas el nivel en el que estás actualmente. En un juego es posible que tengas que empezar varias veces hasta que aprendas las lecciones, superes los obstáculos y subas de nivel. Así, también en la vida, las lecciones se repiten hasta que se aprenden. Si no te has adaptado satisfactoriamente a tu entorno actual, tendrás dificultades para adaptarte a los más desafiantes. Este capítulo te explicará claramente cómo puedes adaptarte a cualquier entorno, sin importar lo difícil que sea.

Los conceptos básicos que caracterizan a un aprendiz flexible son los siguientes:

- Tener fe en que puede adaptarse y cambiar, o lo que la psicóloga Carol Dweck llama la «mentalidad de crecimiento». Esto va en contra de tener una mentalidad fija e implica ser un aprendiz flexible, lo que significa que no te quedas atascado en hábitos de aprendizaje repetitivos y usando solo unos cuantos estilos de aprendizaje escogidos.
- Comprometerse al cien por cien con el cambio que busca, lo que significa que está dispuesto a *cambiar quién es* para mantener o lograr su compromiso.

- Aprender a tolerar lo que más teme.
- Aprender a lidiar con emociones difíciles y desagradables e incluso a aceptarlas. Esto implica lo que los psicólogos llaman *regulación emocional* y requiere exponerse directamente a los propios miedos y resistencias.

CONVERTIRTE EN UN APRENDIZ FLEXIBLE

Si quieres conseguir algo, primero debes concebir y creer que puedes tenerlo. De manera más directa, has de tener fe en algo que ahora mismo es intangible para ti. Este no es un tipo religioso de fe, sino una convicción y una creencia de que puedes lograr tus metas. Si, por ejemplo, quieres hacerte millonario, primero tienes que creer que puedes llegar a ser millonario y luego *aprender a actuar como un millonario*. Quienes no se creen capaces de hacer algo tienen una mentalidad fija. Están convencidos de tener una identidad dominante que no se puede cambiar. Somos como somos y no es posible aprender a ser de otra forma.

Lamentablemente, años de investigaciones siguen demostrando que a quienes tienen una mentalidad fija les cuesta trabajo abrirse camino en la vida. Tienen poca autoestima. ¿Cómo iban a tenerla? Creen que están estancados y que no pueden hacer nada para solucionarlo. Su suerte está echada desde que nacieron. Es más, las investigaciones demuestran que a la gente con una mentalidad fija le resulta verdaderamente difícil *aprender*. ¿Por qué vas a aprender si en realidad no crees que puedas ser capaz de evolucionar? Quienes tienen una mentalidad fija evitan los entornos difíciles. Tienen una manera de aprender con la que se sienten cómodos y evitan situaciones que requieren diferentes enfoques y *estilos de aprendizaje*. Para adaptarse a entornos difíciles es preciso aprender y utilizar múltiples estilos de aprendizaje.

Según nos enseñan cinco décadas de investigación sobre la teoría del aprendizaje, todos tenemos un *estilo de aprendizaje* dominante. Asimismo, todos tenemos varios estilos de aprendizaje de reserva a los que recurrimos cuando nos encontramos en una situación difícil. Sin embargo, también hay otros estilos diversos de aprendizaje que rechazamos y evitamos. Algunos de ellos son:

- **Imaginar:** generar ideas.
- **Reflexionar:** aprender sobre las ideas que se te ocurren.
- **Analizar:** sintetizar lo que has aprendido y elaborar planes estratégicos sobre lo que harás con esas ideas.
- **Decidir:** tomar una decisión sobre de qué MANERA actuarás con una idea específica.
- **Actuar:** HACER ALGO para poner en práctica tu idea.

- **Experimentar:** aprender enfocando las cosas desde múltiples ángulos, ya sea con otra gente o creando algo, fallando o intentándolo.

Si te saltas alguno de estos estilos de aprendizaje, es probable que no llegues muy lejos. Sin embargo, eso es exactamente lo que hacemos. Todos tenemos preferencias de aprendizaje. Todos preferimos hacer las cosas «a nuestra manera».

Lo curioso es que la mayoría tenemos una mentalidad de crecimiento en lo referente al estilo de aprendizaje con el que nos sentimos cómodos. Por ejemplo, si te gustan las matemáticas y aprendes de una manera analítica, seguramente creerás que puedes mejorar en esta materia. Te tomas los desafíos y los fallos como oportunidades para crecer. Buscas un mentor, educación y ayuda. Tienes curiosidad y tratas de expandir tu conocimiento y tus horizontes sobre matemáticas. Por el contrario, normalmente tenemos una mentalidad fija en lo referente a los estilos de aprendizaje con los que no nos sentimos cómodos. Si no te gusta escribir, es probable que creas que no puedes mejorar en ello. Hay algunas cosas que TÚ sencillamente no puedes aprender. No forman parte de tu ADN, o algo por el estilo, ¿verdad?

Si tienes una mentalidad de crecimiento, actuarás con fe. Creerás en algo que no puedes ver. Pensarás que realmente puedes mejorar en algo, aunque en estos momentos ese crecimiento sea visible solo en tu mente. Si tienes una mentalidad fija, no actuarás con fe. No creerás en lo que no puedes ver. Lo pondrás en duda. Tendrás una tremenda confianza en cierto «compromiso cognitivo», o manera de verte a ti mismo, y estarás totalmente comprometido con él. Como no crees que puedas aprender algo, de hecho no puedes hacerlo. Te has encasillado y en esa área no tienes ninguna visión para el futuro.

Sin embargo, actualmente los psicólogos y los teóricos del aprendizaje disponen de gran cantidad de pruebas que demuestran que puedes adoptar cualquier estilo de aprendizaje. Pero solo si eres un aprendiz adaptable y flexible. Esto lo cambia todo. Cambia la noción de que cada uno tiene unas «fortalezas» y «debilidades» fijas, y en su lugar, nos dibuja un cuadro mucho más atractivo.

No tienes fortalezas ni debilidades *per se*; lo que sí tienes son *hábitos de aprendizaje* positivos o negativos. Son hábitos que se han potenciado a lo largo de toda tu vida. Tu entorno te ha condicionado una y otra vez a adquirirlos, porque tienes tendencia a ponerte en situaciones en las que te sientes cómodo. Para empeorar tu enfoque negativo y excesivamente desarrollado, haces todo lo que puedes para crear situaciones y entornos que te permitan ejercitar ese estilo de aprendizaje y evitas aquellos que te hubieran hecho comportarte de otro modo. Pero nada de esto es fijo, sino fluido, y todos estos hábitos pueden cambiarse. Una vez cambiados, te transformarás biológica y psicológicamente.

Además, si crees que puedes aprender cualquier cosa, podrás hacerlo. ¿Algunas te costará más aprenderlas que otras? Por supuesto. No porque haya fortalezas y debilidades fijas, sino por tener los músculos del aprendizaje atrofiados o subdesarrollados, por creencias saboteadoras y por malos hábitos. Puedes aprender buscando situaciones nuevas y difíciles que te obliguen a ser un aprendiz flexible. Esta es la esencia y la base de ser adaptable.

Para aprender algo nuevo hace falta cometer errores, sentirte estúpido y parecerlo, y tener que reestructurar tu perspectiva de la vida para verlo todo desde un punto de vista más elevado. Aprender cosas nuevas es muy difícil, y esa es la razón por la que evitamos hacerlo. Si te tomas en serio la necesidad de convertirte en un aprendiz flexible, tendrás que dominar el preciado arte del compromiso.

Cuando te comprometes a aprender, te comprometes a cambiar. Para esto se requiere fe y una mentalidad de crecimiento. Has de comprometerte al cien por cien porque el proceso de aprendizaje profundo es difícil a un nivel emocional e intelectual. Solo quienes estén totalmente preparados soportarán el proceso de depuración del aprendizaje. Por eso, el resto de este capítulo te equipará con el conocimiento y las aptitudes que necesitas para ser un aprendiz flexible. Algunas de estas aptitudes son comprometerte, desarrollar tolerancia, adaptarte a tus miedos y tratar adecuadamente con emociones desagradables y difíciles.

ENTREGARTE TOTALMENTE A REALIZAR LOS CAMBIOS QUE DESEAS

Surfear grandes olas es muy distinto de surfear olas pequeñas. Cuando surfeas olas grandes, las consecuencias de un fallo son mucho más graves. De hecho, existe incluso la posibilidad de morir si no lo haces bien. Tal y como informa la web IndoSurfLife.com: «Para surfear olas grandes hace falta ser una determinada clase de persona. Cuando el horizonte se oscurece por completo y una pared inmensa de agua se cierne sobre ti, ¡tienes que querer esa ola para poder lograrlo! Si dudas, o no estás completamente entregado, ¡te engullirá!».

Si quieres atrapar una gran ola y montarla, debes estar completamente comprometido con ese objetivo. En cuanto dudes lo más mínimo, fallarás. Puedes fallar incluso entregándote al cien por cien. Pero la única manera en la que podrías tener éxito es obsesionarte hasta el final con lograrlo.

Surfear grandes olas nos ofrece una lección útil que se aplica a una gran cantidad de contextos en nuestras vidas. Cuando estás completamente comprometido con algo, tienes una postura diferente a cuando solo te entregas a medias. Cuando te comprometes parcialmente, dudas. Te falta seguridad. Careces de confianza. Estás inseguro e indeciso. Sin embargo, una vez que estás totalmente decidido a hacer algo, toda esa niebla mental se desvanece. Adquieres claridad sobre lo que estás haciendo y por qué lo estás haciendo. Dejas de pensar en las demás opciones con las que cuentas. Como dijo el doctor Barry Schwartz en el libro *The Paradox of Choice*: «Saber que has tomado una decisión y que no hay marcha atrás te permite utilizar tu energía en mejorar la relación que tienes en lugar de cuestionarla todo el tiempo».

Un ejemplo sorprendente de la toma de una decisión irreversible sucedió en el año 711 de nuestra era, cuando las tropas musulmanas invadieron la península ibérica. Una vez que sus fuerzas desembarcaron en tierra extranjera, el jefe de la expedición, Tariq ibn Ziyad, ordenó que quemaran sus naves. Mientras estas ardían en llamas, arengó a sus hombres:

> Mis queridos hermanos, estamos aquí para propagar el mensaje de Alá. Ahora el enemigo está enfrente de vosotros y el mar detrás. Lucharéis por Su causa. Saldréis de aquí victoriosos o martirizados. *No hay otra elección. Se han destruido todos los medios de escape* [la cursiva es mía].

Esta es una historia apócrifa. Pero la cuestión no es si sucedió realmente o no. La cuestión es que las naves ardieron. Todas las maneras de volver, escapar o abandonar se eliminaron. ¿Te imaginas cómo se sentiría un soldado de aquellas tropas en ese momento? Sabría que la elección era sencilla: vencer o morir. ¿Cuántos evitamos crear ese tipo de desafíos para nosotros mismos?

Si quieres adaptarte con éxito y rápidamente a un entorno nuevo y desafiante, tienes que estar comprometido al cien por cien. La pregunta es: ¿cómo llegamos a comprometernos al cien por cien? Esa es la pregunta que he estado estudiando a lo largo de mi investigación doctoral como psicólogo organizacional. Específicamente, he estudiado un concepto que llamo «el punto de no retorno» o, lo que es lo mismo, el momento en que se hace más fácil avanzar hacia tus objetivos que evitarlos. En realidad, tu punto de no retorno es el instante en que tu única opción pasa a ser perseguir tus ambiciones más elevadas. Estás completamente comprometido con lo que quieres hacer, y este compromiso crea un profundo sentido de confianza y coherencia.

¿Cómo funciona esto?

Una de las teorías más ampliamente aceptadas que explican la relación entre la biología y la psicología es la teoría biopsicológica de la personalidad propuesta por el doctor Jeffrey Alan Gray en 1970. Gray propuso dos sistemas que rigen todos los comportamientos:

Sistema de inhibición del comportamiento: es lo que te sintoniza con los riesgos o las amenazas de tu entorno. Cuando percibes estos riesgos o amenazas, tu sistema de inhibición del comportamiento *te impide actuar.*

Sistema de activación conductual: es lo que te sintoniza con las recompensas. Cuando percibes estas recompensas, tu sistema de activación conductual *te anima a actuar* para que puedas obtenerlas.

Estos dos sistemas están en constante tensión entre sí. En cada situación, uno de ellos domina al otro. O estás actuando o estás inhibiendo la acción. O te estás *acercando* activamente a algo o estás intentando *impedir* que algo suceda. O estás atacando o estás defendiendo.

La mayoría tiene una orientación de evasión ante la vida. No actúa de acuerdo con sus deseos más profundos. En lugar de eso, prefiere no arriesgar. Calcula los pasos que va a dar para procurar no hacer el ridículo. Asegura sus apuestas, creando varios planes alternativos para el caso de que no se cumplan sus sueños. Irónicamente, termina dedicando la mayor parte de sus esfuerzos a esos planes alternativos, y su vida termina siendo eso.

¿Puedes cambiar de orientación si la vida que te has creado gira en torno a evitar repercusiones o emociones negativas?

Por supuesto que puedes.

Puedes cambiar tu propia identidad, porque tu identidad sigue a tu comportamiento y a los entornos en los que te sitúas. Siendo así, ¿cuál sería tu comportamiento más decisivo para pasar de vivir una vida a la defensiva a jugar al ataque?

La experiencia de punto sin retorno se inicia en forma de una inversión financiera, lo que te obliga a avanzar de manera compulsiva. Esa inversión es el colofón de una inversión previa en tiempo y reflexión. En el momento en que gasta una cantidad importante de dinero en la idea, el inversor ya no puede volver a su vida anterior. Su identidad se funde con la inversión. Esta ya forma parte de él. Es como pasas de ser un aspirante a algo a verte de verdad a ti mismo como lo que quieres ser.

En psicología y economía, este comportamiento se explica por un concepto llamado «escalamiento del compromiso». Según se desprende de la bibliografía, el escalamiento del compromiso es una decisión irracional que tomamos, principalmente porque queremos justificar nuestra decisión o nuestra inversión inicial. Por lo tanto, el coste hundido está en la esencia del compromiso. Como te indiqué anteriormente, puedes aprovechar el sesgo del coste hundido para tu beneficio adelantándote a lo que va a suceder. Sabiendo que una inversión elevada producirá un enorme compromiso interno, puedes generar tu propio punto de no retorno.

Y eso es exactamente lo que hace la gente con más éxito del mundo.

No son soñadores, sino hacedores.

Porque se están jugando la piel.

Cuando alguien invierte en sí mismo o en su sueño, su compromiso se consolida. Una vez que ha invertido, la identidad de la persona y toda su orientación hacia su objetivo cambian. Como ahora *debe* seguir adelante, desaparece la confusión sobre lo que necesita hacer. Ya no se siente insegura sobre si va a actuar de manera correcta o incorrecta. *Ya* ha actuado, y ahora necesita realizar esa acción. Y hay varias razones por las que necesita realizar esa acción:

- Para no perder su inversión.
- Para ser coherente con el comportamiento que ha mostrado (pista: la identidad sigue al comportamiento, no tiene por qué ser forzosamente al revés).
- Porque de verdad quiere alcanzar un objetivo determinado, y ahora ha creado las circunstancias externas que darán lugar a una profecía inexorable.

La historia que veremos a continuación es mi relato favorito de mi tesis de doctorado, para la que entrevisté a varios emprendedores y aspirantes a emprendedores.

¿La diferencia principal entre ambos?

Los emprendedores habían experimentado alguna forma de experiencia de punto sin retorno, mientras que los aspirantes a emprendedores no habían creado esas experiencias. Uno de los entrevistados era un chico de diecisiete años que quería vender zapatos. Él y su «socio» (uno de sus amigos del instituto) invirtieron diez mil dólares en un cargamento de zapatos. Así es como describe su punto sin retorno:

Sí, una vez que habíamos invertido todo nuestro dinero, se trataba de todo o nada. Eso me asustó de verdad, saber que era algo así como o lo logras o mueres en el empeño. Tenía que vender los zapatos. No podía volver atrás; no podía sencillamente deshacerme de ellos y conseguir que me devolvieran la pasta; tenía que seguir adelante.

Mi siguiente pregunta fue: «¿Cambió algo en ese momento?».

Esto es lo que dijo:

Después de eso, una vez que fui consciente de que realmente estábamos metidos en ello y todo lo demás, creo que esto me abrió los ojos para ver lo que era capaz de hacer. En ese momento pensaba: «Bien, he montado una empresa, he invertido en ella, y ahora tengo que dirigirla». Ahí es cuando creo que de verdad me di cuenta de que estaba dirigiendo la empresa. Realmente cambió mi papel de liderazgo, creo, con mis compañeros.

Una vez que has pasado ese punto en el que no hay marcha atrás, te has convencido por completo de tu propia visión. Estás comprometido. Tu papel, y por lo tanto tu identidad, cambia. Has eliminado alternativas que, de todos modos, no eran más que distracciones. Te has obligado a actuar y ahora debes moverte en la dirección en la que quieres ir. Estás totalmente decidido. El acto de invertir te transforma. Cambia la cercanía que tienes con ciertas personas, tu postura hacia tus sueños, lo comprometido y convencido que estás de conseguir que tu decisión llegue a buen término.

Una vez que has traspasado el umbral de la decisión y el compromiso, suceden cosas extraordinarias. Todo parece caer por su propio peso de una manera casi mística. Como dijo William Hutchison Murray:

> En el momento en que uno se compromete definitivamente, la Providencia actúa también. Todo tipo de hechos, que de otra manera jamás habrían ocurrido, se suceden para ayudarte. Toda una serie de acontecimientos surgen de la decisión, suscitando en tu favor todo tipo de incidentes imprevistos, reuniones y ayuda material, que nadie podría haber soñado nunca recibir.

SENTIRSE MUY CÓMODOS EN SITUACIONES NUEVAS E INCIERTAS

Los seres humanos somos extremadamente adaptables. Rápidamente nos insensibilizamos y desarrollamos tolerancia a cualquier cosa. La investigación psicológica ha demostrado que muchas personas han desarrollado una tolerancia a la vulgaridad, la violencia y el sexo en la televisión debido a la exposición constante. Otras han desarrollado tolerancia a los estimulantes y otras drogas. Como vivimos en una sociedad de consumo, nuestros niveles de tolerancia pueden traspasar ciertos límites. Comemos alimentos azucarados que distorsionan la sensibilidad de nuestras papilas gustativas de manera que, al final, dejamos de disfrutar de alimentos sanos y saludables. Aceptamos el dolor articular, los dolores de cabeza y la hinchazón como algo normal. Pasamos de doce a dieciséis horas al día sentados en una silla mirando fijamente una pantalla. Nos hemos acostumbrado a niveles astronómicos de dopamina artificial que fluyen por nuestro organismo.

Podemos desarrollar tolerancia a cualquier cosa y adaptarnos a ella, incluso a nuestros miedos. Desarrollar a propósito una tolerancia a los miedos es lo que los psicólogos llaman *desensibilización sistemática*. Puedes insensibilizarte sistemáticamente a cualquier cosa exponiéndote una y otra vez a ella hasta que desarrolles la tolerancia. Con el tiempo, reestructuras tu modelo mental y te adaptas, te conviertes en otra persona. Lo que solía paralizarte de miedo puede convertirse en una parte normal de tu experiencia diaria.

A la mayoría de la gente, la idea de levantarse todos los días a las cuatro y media de la mañana e inmediatamente ir al gimnasio le parece una locura. Sí, las primeras semanas o meses podrían ser fatales. Pero cuando se trata de la adaptación, realmente no es necesario ascender gradualmente. Es mejor tirarte a la piscina y adaptarte a una circunstancia extrema. Por ejemplo, si quieres adquirir el hábito de despertarte a las cuatro y media de la madrugada, no tienes por qué empezar por despertarte a las seis durante unas cuantas semanas, luego a las cinco y media otras semanas más, a continuación a las cinco durante un tiempo y así hasta llegar a las cuatro y media. Puedes hacerlo de una vez, sentir el dolor y adaptarte.

El enfoque de la adaptación gradual es como entrar lentamente en una piscina dando un pasito y luego otro. Estás retrasando y empeorando el dolor porque te centras excesivamente en él y lo agrandas. Aquello en lo que te enfocas se expande. Deja de obsesionarte con el dolor y céntrate en el resultado de lo que estás tratando de hacer. Cuando te lanzas de cabeza a la piscina, comprimes la conmoción y la transición en una pequeña cantidad de tiempo. Aunque este enfoque es extremo a nivel emocional, tu cuerpo se aclimata a su nuevo entorno muy rápida e instintivamente. En veinte segundos se habrá adaptado y el agua ya no estará fría. ¿Por qué has pasado tanto tiempo preocupándote por meterte en ella? No ha sido tan terrible, ¿verdad? Ahora estás adaptado. Los resultados de la investigación psicológica demuestran que la anticipación de un acontecimiento es casi siempre una experiencia con una carga emocional superior a la del acontecimiento mismo. En la gran mayoría de los casos te imaginas que será mucho peor de lo que realmente es. Luego expandes ese dolor postergando la acción. Si te limitaras a actuar, el dolor sería mucho menos grave y desaparecería antes de que te dieras cuenta.

Obviamente, para adaptarse a un nuevo comportamiento como despertarse temprano se necesitan más de veinte segundos. Pero se aplica el mismo principio. Si te comprometes al cien por cien y te lanzas directamente a ello, te adaptarás muy rápidamente. Sin embargo, sentirás un choque emocional inmediato muy intenso. No estás tratando de suavizar la conmoción como cuando intentas que tu entrada en la piscina resulte más cómoda. Por el contrario, estás dispuesto a experimentar plenamente el proceso de purga de desprenderte de los viejos hábitos y comportamientos. Y ese proceso de purga puede doler mientras te vas adaptando a algo mejor.

Este principio de concentrar el proceso de adaptación se aplica a todos los ámbitos de la vida. En su estupendo libro *La magia del orden: herramientas para ordenar tu casa... ¡y tu vida!*, Marie Kondo explica que la única manera de superar de verdad la adicción al consumo es eliminar de golpe todo lo que sobra en tu entorno. Es necesario restablecer el entorno, en lugar de lidiar continuamente con un sistema que no funciona.

¿Qué es lo que estás evitando hacer?

¿En qué piscinas sigues entrando de puntillas?

¿Estás agravando el sufrimiento por centrarte excesivamente en tus miedos?

¿Cuándo vas a lanzarte de cabeza?

En el momento en que saltes totalmente convencido, *te darás cuenta* de que era mucho más fácil de lo que te habías imaginado. Comenzarás a adaptarte. Pero para lograrlo, debes tener fe en que puedes hacerlo y ser un aprendiz flexible. Aun así, no será un camino de rosas. Aunque exponerse directamente es la forma más rápida y práctica de aprender, implica mucho más riesgo que los enfoques tradicionales y teóricos. Tendrás que lidiar con tus miedos y tus emociones negativas. Esto nos lleva a la siguiente habilidad que tendrás que dominar para convertirte en una persona adaptable.

GESTIONAR, E INCLUSO ABRAZAR, LAS EMOCIONES DIFÍCILES Y DESAGRADABLES

Alrededor de 1998 nació una rama de la psicología conocida como *psicología positiva*. En aquel momento, solo había unos trescientos trabajos de investigación sobre el tema de la felicidad. Hasta entonces, la mayoría de los psicólogos estaban interesados principalmente en las enfermedades mentales. Ahora hay más de ocho mil quinientos trabajos de investigación sobre el tema de la felicidad. Al parecer la felicidad es un tema candente. Lo cual es irónico, claro, porque en este preciso momento de la historia humana a menudo parece más escurridiza que nunca.

Centrarse en el lado positivo de la psicología ha sido muy beneficioso para la sociedad. Sin embargo, hay muchos psicólogos que se sienten extremadamente frustrados por el alcance y el enfoque de la investigación que se está llevando a cabo en la psicología positiva. Estos eruditos creen que la mayor parte de esta investigación ha sido excesivamente simplista y ha ignorado elementos cruciales de la condición humana. Según el doctor Paul Wong, un reconocido psicólogo, la premisa central de la psicología positiva ha sido que *las buenas emociones conducen a buenos resultados y las emociones negativas conducen a resultados negativos.* El resultado de esta premisa es que hemos llegado a creer que debemos sentirnos siempre bien, o de lo contrario algo falla en nosotros. Esto podría tener relación con el aumento del consumo de medicamentos en las últimas dos décadas. En lugar de lidiar con los problemas, los evitamos y nos anestesiamos.

La psicología positiva está arraigada en una *perspectiva hedonista*, que aboga por la evitación del dolor y la búsqueda del placer. Desafortunadamente para aquellos que han creído a pies juntillas en ella y en sus hallazgos, una vida de búsqueda de placer no es lo que crea un profundo sentido de significado y satisfacción. Son la carga, el desafío y la oposición lo que crea una auténtica sensación de satisfacción y logro. La verdadera felicidad a menudo implica pasar apuros en el presente con objeto de allanar el camino para el futuro.

El placer momentáneo y la verdadera felicidad son dos experiencias muy diferentes. Como dijo el científico y líder espiritual James Talmage: «La felicidad no deja ningún regusto amargo, no va acompañada de ninguna reacción depresiva; no provoca arrepentimiento, ni exige remordimiento. La memoria puede evocar una y otra vez la felicidad verdadera, renovando siempre el bien original. Un momento de placer puede dejar una herida igual a la de un aguijón afilado y ser una fuente siempre presente de angustia».

Las filosofías antiguas como el estoicismo y las creencias espirituales como el budismo y el cristianismo se oponen fundamentalmente a un enfoque hedonista de la vida. Según estas corrientes, los principales caminos hacia el significado y el crecimiento consisten en abrazar los desafíos, el dolor y las dificultades. Más que una perspectiva hedonista, la filosofía antigua y la mayoría de las corrientes espirituales muestran una *perspectiva eudaimónica*,* que aboga por vivir una vida virtuosa y significativa de crecimiento y contribución.

Actualmente, se está produciendo un movimiento conocido como la *segunda ola de la psicología positiva*. Los investigadores que participan en este nuevo movimiento enfatizan esta visión eudaimónica. Abrazan el lado positivo y el negativo de la vida, viendo ambos como esenciales para que los individuos y la sociedad alcancen

---

* De *eu* («bueno») y *daimōn* («espíritu»). El vínculo entre la virtud del carácter (*ēthikē aretē*) y la felicidad (*eudaimonia*) es una de las preocupaciones centrales de la ética.

resultados óptimos. Consideran que las siguientes realidades son valiosas para vivir una vida completa y plena:

- La postergación de la gratificación.
- La incomodidad.
- La frustración.
- La insatisfacción.
- El dolor.
- La tragedia.
- La torpeza.
- La vergüenza.
- La incertidumbre.

En el momento en que las experimentamos, estas sensaciones no son siempre agradables. Sin embargo, a menudo estas y otras experiencias emocionales desagradables producen resultados extraordinarios. Es solo gracias a pasar por experiencias difíciles y desafiantes como puedes evolucionar. Si constantemente evitas el dolor y reprimes tus emociones, no crecerás nunca.

El renombrado autor Jack Canfield afirmó en una ocasión: «Todo lo que quieres está del otro lado del miedo». Y tenía razón. Pero voy a ir un paso más allá. Está detrás del dolor, el malestar, los sustos, el aburrimiento, el síndrome del impostor, la torpeza, el miedo, la equivocación, el fracaso, la ignorancia, la sensación de hacer el ridículo. El afán por evitar esto es lo que te impide llevar una vida más extraordinaria de lo que eres capaz de imaginar. Estas son las sensaciones que acompañan a una vida de éxito. Y, sin embargo, son las mismas sensaciones y sentimientos que con más frecuencia tendemos a evitar. Los evitamos porque, como dije anteriormente, la mayoría hemos desarrollado una orientación de naturaleza marcadamente evasiva ante la vida.

Aun así, la riqueza, la salud óptima, las relaciones maravillosas y la madurez espiritual profunda están al alcance de todos. Pero hay un precio que debemos pagar por obtenerlas. El principal obstáculo en tu camino es *cómo te sientes con respecto a lo que necesitas hacer*. Normalmente no estamos dispuestos a sentir emociones desagradables de manera habitual. Sin embargo, si te decides a ignorar lo que sientes en el momento, tendrás acceso a todo un mundo de oportunidades al que no accede el noventa y nueve por ciento de la población, al que solo le interesa el *ahora*.

Cuando uno está completamente comprometido con algo, espera encontrarse con emociones y experiencias negativas a lo largo del camino. Incluso las acepta de buen grado, porque sabe que esas emociones desagradables son los mismos topes de velocidad que detendrán a la mayoría. También sabes que esas experiencias están purgando tus viejas debilidades. Estás liberando tus emociones reprimidas y evolucionando para convertirte en alguien diferente y mejor. Y muy pronto, las experiencias que alguna vez te traumatizaron emocionalmente se vuelven normales y a veces incluso agradables.

CONCLUSIÓN

Ser un aprendiz flexible consiste principalmente en dominar tu entorno. La única manera de dominar entornos nuevos y difíciles es obligarte a salir del cascarón y de tus hábitos. Sí, tienes tu estilo de aprendizaje favorito o tu manera preferida de hacer las cosas. Pero «tu manera» te mantendrá estancado. En lugar de eso, debes evaluar atentamente la situación en cuestión y hacer *lo que esta requiera*. Si te has planteado avanzar rápidamente en tu evolución y tu éxito personales, habrás de crear situaciones de un enorme desafío y una gran responsabilidad. Para ponerte a la altura de las situaciones a las que te lanzas, tendrás que estar comprometido al cien por cien, como si estuvieras cabalgando una gran ola. El camino más rápido para alcanzar este nivel de compromiso es invertir en ti mismo y en tu decisión. También tendrás que aceptar situaciones de incertidumbre, lo que te exigirá que de hecho busques esas emociones desagradables y te enfrentes a ellas.

Capítulo once

ELÉVATE A LA ALTURA DE TUS METAS

Externaliza tu motivación a entornos de mucha presión

Si eres un verdadero competidor, sientes continuamente la presión de atacar y conquistar. Te creces en ella. Creas situaciones a propósito para elevar la presión aún más, desafiándote a demostrar de lo que eres capaz.

Tim Grover

J ohn Burke es un pianista de veintinueve años de edad, de Atlanta (Georgia). En 2017, fue nominado para un Grammy al mejor álbum de música *New Age*. Una de las canciones de ese álbum se titula *Earth Breaker** o, como Burke la llama, «rompededos». Es una canción tremendamente rápida y furiosa. Lo que se propuso con ella fue recrear la experiencia de sufrir un terremoto.

---

* N. del T.: destructor de la Tierra.

Aquí viene lo interesante: cuando la comenzó era una canción que Burke ni siquiera sabía que podía escribir. De hecho, esa idea es uno de sus enfoques básicos para componer canciones. Cuando compuso la música para *Earth Breaker*, de hecho no podía tocarla. Físicamente, era demasiado rápida y excedía su nivel de capacidad en aquellos momentos. Pero eso es exactamente lo que él quería. Escribió una canción que no podía tocar y luego practicó sin descanso hasta que logró hacerlo. Escribir una canción más allá de su nivel de capacidad actuó como una función de forzamiento para él. Creó situaciones gobernadas por reglas más avanzadas que aquellas con las que estaba acostumbrado a convivir. Tuvo que evolucionar en el entorno que creó para sí mismo.

Como muchos otros artistas de renombre internacional, Burke se crece con la presión. Aplica a propósito a su entorno varias capas de presión externa, que continuamente lo obligan a dar la cara día a día y crear. No se trata solo de componer canciones que están a un nivel o dos por encima de su habilidad. Él va muchísimo más lejos. En el momento en que decide realizar un nuevo proyecto, como componer un nuevo álbum, inmediatamente decide cuándo lo terminará y cuál será la fecha de lanzamiento. Una vez determinado esto, trabaja de atrás hacia delante, trazando todos los hitos clave del camino. Ese mismo día llama a su ingeniero de estudio de sonido y reserva una cita con él para grabar el álbum, generalmente con tres o cuatro meses de antelación. Paga por adelantado para asegurarse de poder contar con él ese día, pero de hecho también utiliza esa inversión como función de forzamiento para crear el álbum y estar en condiciones de grabarlo en la fecha prevista.

A continuación, organiza su calendario y reserva el «tiempo de creación» a lo largo de su semana laboral durante los próximos meses. Considera las horas programadas para componer música como reuniones importantes. Por lo tanto, si algo aparece durante esos momentos de creación, como un concierto o una oportunidad de colaboración, declina la oferta, puesto que su calendario ya está reservado para ese día. De buen grado deja pasar grandes oportunidades porque tiene ese tiempo de creación reservado en su horario. Es un nivel casi increíble de compromiso para un campo (la composición y la producción musical) en el que muchos se sientan a esperar a que aparezca la musa.

Y tampoco son solo mecanismos internos. Burke se compromete también públicamente, utilizando las estrategias que ya he comentado. Ahora que su agenda está completa, salta a sus cuentas de medios sociales y comienza a hablarles a sus fans acerca de su próximo álbum. Esto «crea una expectativa», me dijo. Él valora enormemente la confianza de sus fans. Por lo tanto, al crear la expectativa intencionalmente, agrega otra capa de compromiso. No quiere defraudarlos. A continuación, les cuenta a su familia y amigos cercanos su próximo objetivo.

Esto es lo verdaderamente impactante: todo esto sucede el mismo día en que decide que va a comenzar un proyecto. Por eso ha sido capaz de componer de manera tan prolífica siete álbumes a la edad de veintinueve años. Burke crea situaciones que lo obligan a triunfar. Opera por un conjunto de reglas que facilitan la creatividad y los logros. Por lo tanto, su éxito es calculable y sus resultados son predecibles, porque son la consecuencia de los factores que introduce estratégicamente en su situación. Más allá de la productividad, el uso de las funciones de forzamiento le permite producir continuamente una música cada vez mejor. Siempre está intentando algo que supera lo que ha hecho antes. Para ello, abraza la ambigüedad, la novedad y las dificultades. Al componer un nuevo álbum, se sumerge en géneros de música que no conoce. Se obliga a aprender nuevos estilos y técnicas. No desea que su álbum sea fácil de crear. Quiere tener que comenzar de cero con la creación de cada disco (para poner los pies en la tierra) con objeto de subir todavía más alto de lo que había subido nunca.

¿Cómo puedes crear las situaciones que incrementan la presión en tu vida?

COMPITE POR ENCIMA DE TU NIVEL DE APTITUD

Son las formas más íntimamente asociadas, las variedades
de las mismas especies y las especies del mismo género
o de géneros relacionados las que, al tener estructuras,
constitución y hábitos prácticamente idénticos, suelen
competir más fuertemente unas con otras.

Charles Darwin

Según Charles Darwin, todas las formas de vida compiten con aquellas que son más similares. Sería ilógico que un pintor compitiera con un escalador de montañas. Más bien, el escalador desarrolla sus aptitudes compitiendo con otros escaladores, generalmente de un nivel parecido. En términos de negocios, compites con quienes trabajan en el mismo campo. Y dentro de ese campo, los jugadores pequeños compiten con los otros jugadores pequeños, mientras que los grandes jugadores compiten con los demás grandes jugadores.

Competir con quienes están a tu mismo nivel, no obstante, te proporciona un progreso lento y mínimo. Es mejor hacerlo con gente mucho más evolucionada. De este modo, puedes aprender rápidamente a vivir según reglas más avanzadas. En su libro *El arte de aprender,* Josh Waitzkin explica cómo aplicó este principio para alcanzar una categoría internacional en taichí. Waitzkin observó que cuando a los estudiantes de su clase de tai chi se les asignaba un tiempo de práctica no supervisada, la mayoría tendía de forma espontánea a practicar con los de su mismo nivel o con otros solo ligeramente inferiores. En gran parte esto se debe al ego, porque ¿a quién le gusta perder?

¿Quién elige intencionadamente hacerse la vida más difícil? No muchos. Pero Waitzkin sí lo hizo. Vive según una regla que llama «invertir en el fracaso». Mientras estaba practicando, elegía a propósito entrenar con alumnos mucho más diestros que él. Al hacerlo, perdía una y otra vez. Esto aceleró el desarrollo de su aptitud. Pudo experimentar de primera mano las habilidades de quienes iban años por delante de él. Las neuronas espejo de su cerebro le permitieron imitar rápidamente a sus competidores superiores y enfrentarse a ellos. De esa manera, progresó mucho más rápido que los demás de su clase.

Según la nueva ciencia de la genética conocida como epigenética, las señales de tu entorno son mucho más responsables de tu composición genética que el ADN con el que naciste. Según el doctor Steven Cole, director del Laboratorio Central de Genómica Social de la Universidad de California en Los Ángeles (UCLA), «una célula es una máquina que transforma la experiencia en biología». Tu composición genética actual es el producto de tu entorno y por lo tanto está siempre cambiando. Obviamente hay límites (al menos en este punto) a la medida en que puedes alterar tu composición biológica. No puedes crecer hasta los tres metros de estatura. Pero psicológicamente puedes convertirte en una persona completamente diferente. Y tu psicología y tu biología son inseparables.

En lugar de competir con quienes percibes que están a tu nivel de aptitud, compite con quienes están donde quieres estar. En otras palabras, apunta siempre por encima de tu altura. Este es uno de los aspectos fundamentales que diferencian a quienes alcanzan el éxito de quienes no. Los que no tienen éxito toman decisiones basándose en sus circunstancias actuales, mientras que los que triunfan las toman basándose en donde desean estar.

En realidad, la competencia es una forma poderosa de colaboración. Cuando tus competidores actúan en su estado óptimo, te ves obligado a rendir al máximo y a crecer a niveles aún más altos. Tu creatividad y tu ingenio te impulsan hacia delante. Competir con quienes están altamente cualificados puede ser una experiencia estimulante a medida que descubres las aptitudes que nunca antes habías manifestado. En el tenis, por ejemplo, cuando un jugador está jugando al máximo de sus posibilidades y haciendo lanzamientos difíciles, eso obliga al otro a *responder*. Cuando tu competidor está jugando al límite, eso te hace sacar algo nuevo y mejor de ti. Tu talento no existe en una burbuja. Lo que puedes lograr es el producto de la situación en la que te encuentras. Por lo tanto, es increíblemente importante decidir con quién vas a competir.

Competir con la inmensa horda de los mediocres consume más energía. Pero no es lo mismo gastar energía que actuar al más alto nivel. En realidad, a menudo son dos cosas contraproducentes. Mientras que la mayoría se conforma con competir con aficionados, tú deberías competir solo con los mejores del mundo. No importa de qué campo se trate, solo imagínate que lo que estás haciendo es jugar al tenis. Los que se encuentran en la cima de ese mundo están al otro lado de la red, lanzándote pelotas endiabladas. ¿Cómo vas a responder?

Si logras meterte en ese juego y creer realmente que puedes competir a ese nivel, verás la labor de los «expertos» desde otro ángulo. Dejarás de idolatrar a tus héroes y su trabajo, y empezarás a *estudiarlos*. ¿Qué es exactamente lo que hacen de una manera diferente? ¿Cómo desarrollan y dan a conocer su trabajo? ¿Dónde están los fallos que tú podrías mejorar fácilmente? ¿Qué es lo que no hacen y por qué? En lugar de ver la obra de tu ídolo como espectador, debes verla como una pelota de tenis que te mandan desde el otro lado de la red. Tu trabajo ahora consiste en responder enviando algo aún mejor.

COMPITE EN PÚBLICO

La competencia es un poderoso instrumento para sacar lo mejor del ser humano. Un excelente ejemplo es la carrera espacial entre la Unión Soviética y Estados Unidos que comenzó en 1955. Por aquellos años, ser estadounidense tenía un significado extraordinario. Todos le daban una gran importancia a llegar a la Luna. El desafío y la competencia mismos crearon un escenario que facilitó las innovaciones y el progreso rápidos, no solo en la ingeniería aeroespacial, sino también en muchos otros campos. De hecho, en Estados Unidos probablemente no se hayan visto avances tan extremos desde entonces, ya que la competencia pública no es tan fiera. En su famoso discurso de 1961, el presidente John F. Kennedy dijo:

> Reconociendo la ventaja obtenida por los soviéticos con sus grandes cohetes, que les proporciona muchos meses de delantera, y reconociendo la probabilidad de que exploten esa ventaja durante algún tiempo para alcanzar éxitos más impresionantes, *se requiere de nosotros, a pesar de ello,* que hagamos nuevos esfuerzos. Porque aunque no podemos garantizar que algún día seremos los primeros, podemos garantizar que no realizar este esfuerzo nos situará los últimos. Corremos un riesgo añadido al hacerlo *a plena vista del mundo*, pero como demuestra la hazaña del astronauta Shepard, este mismo riesgo realza nuestra estatura cuando tenemos éxito [las cursivas son mías].

La competencia era impresionante. Pero era aún más impresionante participar en una carrera para llegar a la Luna delante del mundo entero. De una manera similar, el autor y *coach* del liderazgo Darren Hardy relata la anécdota de una clase de *spinning* al aire libre en la que tomó parte cerca de una playa en San Diego. En esta clase en particular cada bicicleta estaba conectada electrónicamente a un proyector con una pantalla inmensa. Cada participante tenía su propio avatar conectado a su bicicleta que luego se mostraba en el proyector, con su nombre y una imagen de su rostro.

Cuando comenzó la clase de *spinning*, el proyector mostró con grandes letras rojas a quienes llegaban más lejos y se esforzaban más pedaleando. Había alrededor de cincuenta participantes en la clase y en el proyector solo aparecían los quince o veinte primeros. No solo los miembros de la clase podían ver la pantalla gigante, sino que también la veían quienes pasaban por allí o quienes estaban relajándose en la playa. Hardy contó que nunca se había esforzado tanto en una clase de *spinning*. Las reglas de esta situación particular hicieron que el alto rendimiento fuera inevitable.

APRENDIZAJE BASADO EN EL CONTEXTO: POR QUÉ UN MENTOR ES MÁS EFICAZ QUE LA EDUCACIÓN FORMAL

El ejército y varios proyectos misioneros utilizan un método de aprendizaje y enseñanza conocido como «aprendizaje basado en el contexto» para acelerar radicalmente el proceso. El aprendizaje basado en el contexto se produce en una situación social donde el conocimiento se adquiere y asimila por medio de la colaboración y el uso práctico, no solo porque un maestro se dedique a enseñarlo. Para que este conocimiento sea adquirido, el aprendiz se involucra en una tarea de la vida real, no en una tarea teórica. Las habilidades que desarrolla coinciden claramente con situaciones reales que pueden aplicarse de forma natural.

Aprender haciendo es mucho más intenso que permanecer en un ambiente abstracto y aséptico, leyendo libros de texto, como sucede en la educación formal. Además de ser altamente práctico, relevante y experiencial, el aprendizaje basado en el contexto es poderoso porque generalmente implica un entrenamiento individual y la retroalimentación inmediata sobre el rendimiento. Cuando realizas mal la tarea, puedes recibir entrenamiento para hacerlo mejor. Luego sigues practicando una y otra vez hasta que tus aptitudes se vuelven automáticas y subconscientes.

Aquí tienes los pasos del funcionamiento del aprendizaje basado en el contexto:

1. Aprendes un concepto a nivel superficial.
2. Practicas, usando ese concepto en una situación de la vida real para consolidar y contextualizar tus conocimientos.
3. Inmediatamente recibes entrenamiento personal y retroalimentación para perfeccionarte.

4. Repites una y otra vez con mayor intensidad y con plazos cada vez menores para lograr la automaticidad.

5. Recibes más entrenamiento personal y retroalimentación para evaluar tu conocimiento y tus aptitudes.

En una investigación se examinaron los efectos del juego de roles sobre el concepto de sí mismos de los adolescentes tímidos. Un grupo de adolescentes siguió una formación tradicional basada en explicaciones, mientras que la formación de otro grupo estaba basada en el juego de roles. Este segundo grupo experimentó un cambio positivo importante en su concepto de sí mismo, que tuvo un impacto significativo en su comportamiento. En nuestro mundo digital, la formación de simulación (basada en el juego de roles con situaciones reales) se está volviendo cada vez más popular. Además, la investigación ha demostrado que para lograr un aprendizaje efectivo es fundamental la retroalimentación sistemática.

CÓMO DESARROLLAR EL APRENDIZAJE BASADO EN EL CONTEXTO

El verdadero aprendizaje consiste en un cambio permanente en la cognición y el comportamiento. En otras palabras, el aprendizaje implica un cambio permanente en la forma de ver la vida y actuar en ella. Aprender no es acumular información. Mucha gente tiene la cabeza llena de información con la que no sabe qué hacer.

Si quieres aprender algo con rapidez, necesitas sumergirte en ello e implementar inmediatamente lo que estás aprendiendo. La forma más rápida de aprender inglés, por ejemplo, es sumergirte en la cultura anglosajona. Si utilizas tarjetas para el aprendizaje de idiomas durante quince minutos al día, con el tiempo llegarás a conseguirlo. Pero establecerás conexiones más profundas con unos días de inmersión profunda que en meses de hacer incursiones.

Necesitas bastante claridad para tener una alta motivación que te haga avanzar. Cuanto más claramente veas la senda que tienes por delante, más motivado estarás para seguirla. En lugar de intentar motivarte a ti mismo, tu objetivo debe ser precisar los próximos pasos que debes seguir.

INVERTIR EN UN MENTOR QUE SEA ESTUPENDO EN LO QUE QUIERES HACER

Busca un mentor al que tengas que pagarle. Si no pagas por algo, es poco probable que le prestes atención. La mayoría de la gente quiere cosas gratuitas. Pero si no has invertido dinero, recursos o tiempo, es increíblemente difícil que te involucres realmente.

¿Cuánto inviertes en ti mismo?

¿Cuánto has puesto de tu parte?

¿Cómo de comprometido contigo mismo estás?

Si no inviertes en ti, en realidad no te estás jugando nada en el juego de tu propia vida. Si no te entregas a tu trabajo, es probable que a este le falte calidad. Si no te entregas a tus relaciones, seguramente estés más concentrado en lo que puedes conseguir que en lo que puedes dar.

Cuando se trata de la superación personal, invertir el diez por ciento de tus ingresos en ti mismo te proporcionará un rendimiento cien o más veces superior a esa inversión. Por cada euro que gastes en tu educación, habilidades y relaciones, obtendrás un mínimo de cien euros en ganancias. Si quieres hacer algo muy bien, necesitas rodearte de los mentores adecuados. Los objetivos de alto nivel requieren un mentor de alta calidad. Si se te da mal algo, es porque no has tenido mentores de calidad en esa materia.

Como ya te he dicho, los mejores mentores son aquellos a los que pagas. A menudo, cuanto más se paga, mejor, porque te tomarás la relación mucho más en serio, te comprometerás, y al hacerlo prestarás mayor atención. Te importará más. Estarás más concienciado y comprometido. No alcanzar el éxito tendrá mayores consecuencias.

Invertí tres mil dólares en obtener la ayuda de un escritor famoso para escribir mi primera propuesta de libro. Con esos tres mil dólares conseguí tal vez cuatro o cinco horas de su tiempo. Pero en esas cuatro o cinco horas me enseñó lo que necesitaba saber para crear una propuesta de libro extraordinaria. Me proporcionó recursos que mejoraron y aceleraron espectacularmente mi proceso. Con su ayuda, fui capaz de conseguir un agente literario y con el tiempo un contrato importante para mi libro. Si hubiera estado demasiado preocupado por los tres mil dólares, estoy seguro de que hasta el día de hoy todavía no habría escrito una propuesta de libro. Como mucho, habría escrito una terrible. No habría estado tan motivado ni tan comprometido, por lo que lo más probable es que hubiera postergado la acción que necesitaba realizar.

Si no tienes mucho dinero, seguro que puedes permitirte el lujo de comprar un libro. ¿Cuánto dinero y tiempo gastas en entretenimiento, ropa o comida? Es una cuestión de prioridades. Solo cuando inviertes en algo desarrollas la motivación para hacerlo realidad. Más allá de tener un tutor, deberías invertir en programas de educación, tales como cursos en línea, eventos y libros. Tu nivel de éxito por lo general puede medirse directamente por tu nivel de inversión. Si no estás obteniendo los resultados que deseas, es porque no has invertido lo suficiente para obtener esos resultados.

El mayor beneficio que obtendrás con un mentor es que te quedarás con una sensación de *insatisfacción* con tu trabajo. Incluso si has producido algo mucho mejor que cualquier cosa que hayas hecho antes, tu mentor se apresurará a señalar todo lo que te queda por aprender. Por lo tanto, incluso cuando completes un proyecto, o progreses en tu aptitud, te quedarás con una sensación de *querer más*. Esta es exactamente la sensación que necesitas tener, porque te llevará a redoblar la apuesta en tu labor y a profundizar más en los mecanismos y principios de lo que haces. Tu pensamiento y tu visión actualizados te harán sentir la urgencia de mejorar tus aptitudes.

Sentirte insatisfecho con tu vida y tu trabajo actual es un reflejo de la evolución personal. Puede ser un proceso doloroso y humillante. Sin embargo, tu insatisfacción no es falta de gratitud, sino un aumento de las expectativas y los estándares personales. Ya no estás de acuerdo con tu situación y tus resultados actuales. Ahora esperas y quieres más para ti. Tu visión de futuro se ha expandido a través de la experiencia y la formación. Como dijo Oliver Wendell Holmes júnior: «Una mente que se amplía gracias a una nueva experiencia nunca puede volver a sus antiguas dimensiones». Quieres más. Y aunque en el momento te sientas desalentado, sabes que tu insatisfacción con lo que tienes es una señal de que estás continuamente mejorando.

REPETICIÓN HASTA QUE EL APRENDIZAJE LLEGUE A SER INCONSCIENTE Y QUEDE EN MANOS DEL ENTORNO

Mientras ponía en práctica lo que aprendí, mi maestro me observaba desde la distancia. Me dejaba esforzarme en intentar recordar lo que acababa de enseñarme. La primera vez, necesité mucho tiempo y esfuerzo para poner en práctica lo que me había enseñado. De manera que volvimos a hacerlo una y otra vez. Con el tiempo, me volví competente y así adquirí confianza en mí mismo.

Aprender algo nuevo es cuestión de memoria y de cómo usarla. Al principio, la corteza prefrontal, que almacena la memoria funcional (o a corto plazo), está realmente ocupada averiguando cómo se realiza la tarea. Pero una vez que adquieres destreza, la corteza prefrontal descansa. De hecho, queda liberada hasta un noventa por ciento de su capacidad. Una vez que esto sucede, puedes poner en práctica esa habilidad automáticamente, dejando que tu mente consciente se centre en otras cosas. Este nivel de rendimiento se llama *automaticidad*, y llegar a él depende de lo que los psicólogos llaman *sobreaprendizaje* o *sobreentrenamiento*. El proceso de conseguir que una habilidad se vuelva automática consta de cuatro pasos, o etapas:

1. Aprendizaje repetido de una pequeña cantidad de información. Si estás jugando al baloncesto, por ejemplo, eso significaría practicar el mismo

tiro una y otra vez. La clave aquí es superar el punto inicial de destreza.

2. Hacer tu entrenamiento progresivamente más difícil. Lo mejor es dificultar cada vez más la tarea hasta que sea excesivamente difícil. En ese punto bajas ligeramente el nivel de dificultad, con objeto de permanecer cerca del límite superior de tu capacidad actual.

3. Agregar restricciones de tiempo. Por ejemplo, algunos profesores de matemáticas les piden a los estudiantes que trabajen en problemas difíciles con plazos cada vez más cortos. Añadir el componente de tiempo te impone dos desafíos. En primer lugar, te obliga a trabajar rápidamente, y en segundo lugar, distrae una parte de tu memoria funcional al obligarte a permanecer consciente del tictac del reloj.

4. Probar a aumentar la carga de la memoria, es decir, intentar realizar una tarea mental mientras se piensa además en otras cosas. Dicho de otro modo, se trata de añadir a propósito distracciones a tu régimen de entrenamiento.

Fundamentalmente, lo que necesitas es que tu comprensión de algo sea fluida y flexible, ser capaz de aplicar tu aprendizaje en diferentes contextos y para propósitos diferentes. De ese modo aprendes tu técnica a la perfección.

IMPLANTA VARIAS CAPAS DE SEGUIMIENTO (HAZ RESPONSABLE AL ENTORNO)

El rendimiento mejora cuando se mide. Cuando además de medir el rendimiento, se notifica, el ritmo de mejora se acelera.

Thomas S. Monson

El momento de la verdad llega con la rendición de cuentas. Esta es casi inexistente en la mayoría de los entornos. Son pocos los que rinden cuentas por su comportamiento en las relaciones laborales y personales. Incluso hay poca gente que se considere responsable de nada. Con objeto de combatir la aversión de la gente a la responsabilidad, creé un curso por Internet de un año de duración con un módulo nuevo cada semana. En cada módulo, asigné tareas, como anotar metas personales o eliminar distracciones específicas. Reté a los participantes en el curso a realizar un seguimiento de sus rutinas matutinas y vespertinas. Una semana, los sorprendí al convertir en exclusivo el módulo correspondiente. Solo quienes podían proporcionar pruebas claras de que habían estado haciendo un seguimiento de su rutina matutina y vespertina recibieron el contenido de esa semana.

Muchas de las personas que se apuntan a mi curso se sintieron impulsadas y entusiasmadas por el aumento de la intensidad. Me dieron las gracias por tener la suficiente integridad como para responsabilizarlos. Varias me enviaron un correo electrónico y me dijeron que era un punto de inflexión para ellas. Las retaba a tener que imprimir la tarea de la semana anterior y marcarla en su calendario. Al crear consecuencias para su comportamiento, se vieron obligadas a hacer el trabajo por el que, para empezar, habían pagado. Al emprender los pasos que se dan en el proceso real, fueron conscientes de lo valioso de hacer un seguimiento de su progreso y escribir en su diario (y más tarde informarme a mí) de cómo les iba día tras día con relación a sus metas.

Por supuesto, la dificultad que introduje en el curso en línea no les agradó a todos. Un alumno frustrado me envió un correo electrónico: «¿Me estás diciendo que no puedo tener el contenido que ya he pagado? ¡Debo de haberte entendido mal!», me decía furioso.

«No me has entendido mal –le contesté–. Cuando compraste este curso te dije que estaba concebido de forma diferente a los demás. En lugar de ofrecerte toda la información directamente, lo he convertido en un proceso de aprendizaje experiencial. *Esto* con lo que estás lidiando ahora mismo, tus emociones y frustraciones, es el contenido de este curso. No se trata solo de vídeos y de documentos en PDF para imprimir. El curso está diseñado para desafiar tu comportamiento real. De manera que no, no puedes acceder al contenido a menos que te hagas responsable».

Tras introducir este cambio en el curso, inmediatamente quedó claro quiénes estaban comprometidos con su crecimiento y quiénes eran meros consumidores de información. Al crear un entorno de aprendizaje con recompensas y castigos, varias personas volvieron al curso que habían dejado meses antes. Su llama interna volvió a prenderse al encontrarse con un sistema de expectativas externas más elevadas. A pesar de que algunos estaban molestos con los cambios, la mayoría me envió un correo electrónico en el que me agradecían que llevara el curso a un nivel superior.

Todos queremos mejorar nuestras vidas, especialmente cuando invertimos en el desarrollo personal.

Ahora que has invertido en más de la mitad de este libro, ¿cómo de diferente es tu entorno físico?

¿Cómo ha cambiado tu entorno de aprendizaje? ¿Cómo te haces responsable?

¿Qué estás dejando en manos de tu entorno? ¿Qué funciones de forzamiento has puesto en marcha? ¿Has aumentado la presión para triunfar?

ÚNETE A UN GRUPO *MASTERMIND* (EXTERNALIZA EL ÉXITO)

Lo que nos impide llegar a nuestra meta no son los obstáculos sino tener el camino despejado hacia una meta menor.

Robert Brault

Si deseas lograr grandes cosas, tu camino será incierto y confuso. La necesidad emocional de claridad y el miedo a lo desconocido llevan a la gente a abandonar sus sueños por búsquedas más directas en entornos menos exigentes. Tener clara la meta es esencial para la alta motivación. Por lo tanto, para aumentar tu motivación, tendrás que abrazar la incertidumbre hasta que hayas conseguido suficiente claridad para avanzar.

Sin embargo, *claridad* no significa que lo tengas todo resuelto. Significa que tienes claro *el siguiente paso o los dos siguientes*. Si estás en el kilómetro uno y tu sueño es llegar al cincuenta, solo necesitas la suficiente información y ayuda para avanzar hasta el kilómetro tres o cuatro. Una vez que llegues allí, te harán falta más instrucciones. Pero no tienes ni idea de cuáles serán esas instrucciones, porque ahora mismo no sabes lo que no sabes. Cuando llegues al siguiente paso, podrás hacer mejores preguntas y averiguarás quién puede ayudarte a llegar al kilómetro cinco, seis, siete u ocho.

Estás en la búsqueda del tesoro y encuentras pistas y guías a lo largo del camino. La incertidumbre y las emociones desagradables acechan detrás de cada esquina. Este es el proceso y la experiencia emocional de perseguir un gran sueño. Estarás desarrollándote, creciendo y moviéndote mientras la mayoría de la gente se queda abrumada por la distancia que hay entre el kilómetro uno y el cincuenta. Mientras ellos miran el bosque desde lejos, tú buscas el camino a través de los árboles. Y pronto estarás al otro lado.

Todo este enfoque de aprendizaje y crecimiento es *experiencial*, no teórico. En lugar de tener todas las respuestas, solo necesitas la información suficiente para avanzar. La forma más rápida de obtener información relevante es a través del fracaso y la experiencia del mundo real. Tu entorno para el éxito no puede ser un aula o un diván de terapia. Tiene que estar en las trincheras de la experiencia. El diseño del entorno para el aprendizaje de gran alcance implica experiencia en situaciones del mundo real. Estas situaciones son inherentemente desafiantes, las apuestas son altas y las consecuencias inmediatas. Además, tu entrenamiento es práctico, no teórico, y estás recibiendo retroalimentación y asesoría de mentores y expertos. Esta es la forma más difícil y dolorosa de aprender, y por lo tanto es también la más eficaz.

En 2014, mi tía Jane se unió a Genius Network, el grupo *mastermind*[*] exclusivo y de alto nivel de Joe Polish. El propósito de Genius Network es proporcionar un entorno en el que los «transformadores de la industria» puedan conectarse, colaborar, enseñar y ayudarse mutuamente.

Después de ir a algunos de los eventos de Genius Network, pude ver una diferencia tangible en Jane. Tenía más confianza, claridad y enfoque. Era mucho más

---

[*] N. del T.: conjunto de personas con intereses profesionales afines que se reúnen periódicamente (de forma virtual o presencial) para crecer profesional y personalmente.

audaz e inteligente en el *marketing* de su empresa. Una de las filosofías centrales de Genius Network es multiplicar por diez lo que piensas. Cuando uno piensa diez veces más a lo grande, se ve obligado a rehacer sus suposiciones erróneas y enfrentarse directamente a sus temores. Por ejemplo, si actualmente estás ganando cincuenta mil euros al año, y te has fijado una meta de ganar quinientos mil al año siguiente, vas a tener que cambiar radicalmente toda tu perspectiva sobre la vida y los negocios. Esta es una transformación saludable que no puede producirse con métodos de crecimiento incrementales.

Joe Polish implementa muy seriamente la idea de multiplicar por diez lo que piensa. Cuando un nuevo miembro se une a Genius Network, invierte veinticinco mil dólares anuales en concepto de afiliación. Se espera que los miembros aumenten sus ingresos en doscientos cincuenta mil dólares dentro de ese año o de lo contrario no podrán inscribirse en Genius Network al año siguiente. Si no consigues diez veces tu inversión inicial, eso significa que Genius Network no es para ti.

En 2014, cuando Jane se unió, yo acababa de empezar mi programa de doctorado en la Universidad de Clemson. Decir que sentía envidia se queda corto. En ese momento decidí que algún día sería miembro de Genius Network. Muchos de mis referentes formaban parte de ese grupo. Quería ser su compañero, no solo un admirador. Sin embargo, en ese momento, ni siquiera había escrito nunca una entrada en el blog.

Tampoco había ganado ningún dinero de verdad. Pero tenía un sueño.

Jane me dio una etiqueta de Genius Network que sujeté a mi mochila. Todos los días, mientras caminaba por el campus de Clemson, pensaba en ello. Esa etiqueta era un recordatorio externo, un detonador, de mi meta de unirme algún día al grupo *mastermind*. Pero no quería unirme únicamente por el mero hecho de estar cerca de mis referentes. Quería contribuir a la red.

En julio de 2017, después de haber creado una plataforma en línea significativa y aprendido algunas habilidades de *marketing* muy útiles, decidí que era un buen momento para solicitar mi entrada en el grupo. La inversión de veinticinco mil dólares fue algo bastante serio. Después de todo, todavía era un estudiante de posgrado, y estábamos pagando mi matrícula de nuestro propio bolsillo. Pero, honestamente, sabía que el grupo me proporcionaría la motivación, las conexiones y las habilidades necesarias para cumplir el requisito de diez veces más. También sabía que mis ganancias diez veces más altas no serían puramente económicas. De hecho, inmediatamente después de convertirme en miembro de Genius Network, me sentí como si tuviera una nueva identidad. El objetivo en el que había pensado y por el que había trabajado durante tres años se había convertido ya en mi realidad. Había hecho lo que tenía que hacer para entrar en el «equipo» y formar parte de un entorno altamente selectivo.

Sin embargo, no basta con el simple hecho de estar en un entorno para tener una transformación completa. Así que hice planes estratégicos claros antes de unirme al grupo para sacarle el máximo partido a la experiencia. Al igual que sucede con todas las experiencias y relaciones transformacionales, el enfoque no puedes ser tú mismo. En lugar de eso, es necesario tener una mentalidad abundante, con la que hacer todo lo posible para ayudar a los demás de manera generosa y auténtica. Como suele decir Joe Polish: «La vida da a los que dan y toma de los que toman».

Por consiguiente, tras registrarme y pagar, me inscribí inmediatamente para hablar en la siguiente reunión de grupo en Arizona. Contraté a Joel Weldon, un *coach* de oratoria pública, y trabajé a fondo con él para asegurarme de comunicar mis mejores estrategias de la manera más eficaz. Quería que mi charla fuera tan sencilla y fácil de poner en práctica que la gente se motivara espontáneamente a aplicar los principios. Además de varias sesiones con Joel, utilicé mi diario como herramienta de visualización.

El entorno en el que trabajé para preparar la charla se manifestó mejor de lo que esperaba. Tras esa reunión, me invitaron a compartir las mismas ideas en el evento anual solo dos meses después. Una vez más, reflexioné sobre cómo podría ofrecer el máximo valor, esta vez a las cuatrocientas personas que asistirían.

En última instancia, sabiendo la importancia de este libro, deseaba proporcionar por adelantado ejemplares a todas las personas influyentes en el evento anual de Genius Network de noviembre de 2017 que fuera posible. Eso iba a ser en solo tres meses y los editores todavía no tenían un borrador sólido para publicarlo en marzo. Cuando le presenté mi plan a mi editor en Hachette, al principio se sorprendió bastante. «Normalmente, solo imprimimos veinte para nuestros autores», me dijo. Le estaba pidiendo cuatrocientos.

Sabía lo que quería y tenía un porqué extraordinario. Mi objetivo era conseguir que este libro y sus ideas se distribuyeran lo más ampliamente posible. Cuando tu motivo sea lo suficientemente claro y poderoso, tu estrategia será inherentemente audaz e inteligente. Como estaba obcecado en mi visión de futuro, creé las situaciones que aseguraban el logro de mi meta. Examiné en todo momento qué más necesitaba invertir para lograr mi meta y me aseguré de que todos conocieran mi nivel de compromiso con ella.

Mi pasión debió de contagiársele a mi editor. Después de explicarle mi plan para distribuir cuatrocientos libros por adelantado (y por qué ese evento era crucial para causar impacto), recibió la aprobación para publicar los primeros ejemplares. Si hubiera sido necesario, los habría pagado yo mismo y conducido a Nueva York en mi coche para conseguirlos. Nada iba a detenerme. Las múltiples inversiones que había hecho en mi libro transformaron mi mentalidad. A través del proceso de actualización de mi entorno mediante estas inversiones, me convertí en el autor que quería ser.

No importa en qué entorno te encuentres, en él habrá lo que los psicólogos llaman una «distribución normal», lo que significa que prácticamente la mayoría de la gente será la misma. Habrá algunos individuos que se saldrán de la norma en ambos extremos del espectro, aquellos que no están actuando tan bien como la media y los que superan radicalmente la media.

Ser un aprendiz flexible consiste principalmente en no quedarse nunca estancado en un cierto nivel de tu desarrollo. Tienes que pasar a una situación exigente y permitir que esa situación remodele tu identidad. Esto lo haces asumiendo un nuevo papel y absorbiendo la mentalidad de tu nuevo entorno. Tomas todo lo que estás aprendiendo y lo aplicas de inmediato. Al aplicar lo que aprendes, te elevas rápidamente a los estándares de tu nuevo entorno.

Por ejemplo, si realizas una gran inversión para obtener un asesoramiento o una formación de cualquier tipo, la inversión en sí misma servirá como mecanismo motivacional para obligarte a avanzar. La inversión es una función de forzamiento, con suerte un punto de no retorno. Este punto de no retorno no es un destino, sino un punto de partida. Es el momento en el que te comprometes plenamente con los cambios que deseas realizar. Necesitas utilizar la motivación de tu inversión para aplicar todo lo que te proporciona tu nuevo entorno. Necesitas transformarte para convertirte en lo que conlleva tu compromiso.

En el momento mismo en que inviertas, cambiarás. Mejorarás, y luego querrás expandir tus horizontes. Empezarás a ver dónde está la «tapa» de tu nuevo entorno, y a continuación descubrirás cómo trascenderla. No te conviene quedarte estancado en un solo entorno durante mucho tiempo, lo mismo que no te conviene detenerte demasiado tiempo con un solo mentor. En palabras de Lao Tzu: «Cuando el estudiante esté preparado, aparecerá el maestro. Cuando el estudiante esté verdaderamente preparado, el maestro desaparecerá».

Ser un aprendiz flexible significa no quedarte nunca atascado en una sola etapa. Cada etapa tiene reglas y lecciones. Y las lecciones se repiten hasta que se aprenden. Con demasiada frecuencia, la gente se queda estancada en una etapa determinada de su desarrollo y se adapta excesivamente a un entorno específico. Se acostumbra a un conjunto de reglas y se contenta con los resultados o las consecuencias de vivir según esas reglas particulares. Esta es una de las razones por las que a la mayoría de las personas «exitosas» les cuesta llegar a tener más éxito. Como ha señalado el autor Greg McKeown, el éxito se convierte en un catalizador para el fracaso.

No caigas en la trampa.

No te quedes satisfecho con los resultados que has conseguido y el progreso que has alcanzado. Reconoce lo lejos que has llegado, pero no te quedes estancado ahí. En lugar de eso, sigue rodeándote de maestros y competidores más avanzados. Mejora continuamente tus estándares de la calidad del trabajo y la contribución que puedes realizar. No desarrolles nunca una mentalidad fija. Tu naturaleza es fluida. No hay límites a cuánto puedes cambiar.

¿Has alcanzado la meseta de tu desarrollo?

¿Estás complacido y cómodo en tu entorno actual?

¿Estás satisfecho con todo aquello que te rodea?

OTRA RAZÓN POR LA QUE LA FUERZA DE VOLUNTAD ES UNA FALACIA

Asistir a un evento de Genius Network es como beber de una manguera. No se puede consumir o sintetizar todo lo que se está enseñando. Son como diez horas de entrenamiento de *marketing* y desarrollo personal de muy alto nivel, dos días consecutivos. Es agotador. Sin embargo, al mismo tiempo, supone un descanso y una liberación de la rutina cotidiana y el trabajo. Y aquí es donde las investigaciones sobre la fuerza de voluntad vuelven, una vez más, a equivocarse.

Según las investigaciones, tu fuerza de voluntad es básicamente tu almacén de energía. Una vez que se agota, no hay nada que hacer. No obstante, la investigación sobre la atención plena realizada por Ellen Langer ha descubierto que el mismo acto de cambiar los entornos puede aumentar espectacularmente tu energía. Al dejar tu entorno habitual y participar en un trabajo aún más exigente, como estar en un evento de la Genius Network, deberías tener una gran cantidad de energía, porque te encuentras en un entorno nuevo y novedoso. Y la novedad, después de todo, es una de las funciones principales de forzamiento que evocan un alto estado de fluidez.

RESUMEN

El objetivo de este capítulo es hacerte ver la motivación y la fuerza de voluntad son irrelevantes. Cuando creas ambientes enriquecidos de estrés positivo y exigencia elevada, tu motivación para triunfar es alta sin ningún esfuerzo consciente por tu parte. No estás en conflicto con tu entorno, sino que este tira de ti haciéndote avanzar. Entre las estrategias específicas detalladas en este capítulo para dejar tu motivación a cargo de entornos enriquecidos se encuentran las siguientes:

- Instalar varias capas de presión externa y responsabilidad.
- Hacer públicos tus objetivos.
- Establecer expectativas elevadas para tus clientes y tus seguidores.
- Invertir por adelantado en tus proyectos y programarlos de antemano.

- Rodearte de gente con estándares personales más altos que los tuyos.
- Competir con gente que tiene un nivel de aptitud mucho más alto que tú entendiendo la competencia como una forma de colaboración.
- Comprometerte a hacer algo y luego practicarlo o realizarlo en un entorno público. La presión externa de rendir para otros solo aumenta tu presión interna para tener éxito.
- Obtener suficiente claridad para avanzar unos cuantos pasos hacia la meta.
- Buscar un mentor de nivel internacional en la actividad a la que quieres dedicarte.
- Unirte a un grupo *mastermind* lleno de referentes y personas que le ayuden a uno a elevar su vida.

Capítulo doce

ROTA TUS ENTORNOS

Adáptalos basándote en el trabajo que estás realizando

E l entorno en el que estás debe coincidir claramente con las acciones que realizas en él. Por esa razón, no debes tener una televisión en tu dormitorio. Tu habitación no es para ver la tele. Incluso si vives en un apartamento pequeño, es mejor tener una televisión en la cocina o incluso en el baño. Aunque suponga una desconexión tener una televisión en una cocina o un baño, no es tan perjudicial como el sueño que estás perdiendo al ponerla en el dormitorio, porque si lo hicieras, estarías creando en esa habitación un entorno que requeriría fuerza de voluntad para dormir.

Una de las razones principales por las que a la gente le cuesta dormir por la noche es porque el entorno los activa para realizar una gran cantidad de actividades cuando entran en su dormitorio. Para un sueño óptimo, tu dormitorio ha de estar lleno de desencadenantes específicos para dormir bien. Nada debe distraerte de ese objetivo. Es útil incluso tener ropa específica para dormir que no usas en ningún otro lugar. Esto también puede servir como un detonante que te incitará al sueño.

Así como tu dormitorio debe reflejar claramente la actividad que vas a realizar en ese entorno, los espacios físicos en los que trabajas también deben coincidir con el trabajo que realizarás ese día. Cada vez es mayor el número de personas que trabajan con ordenadores y que realizan una gran variedad de tareas en esos equipos. Acometer todas esas tareas diferentes en el mismo espacio físico no es el enfoque óptimo. En lugar de eso, debe haber diferentes entornos en los que trabajes, que estén claramente asociados al tipo de trabajo que desempeñas. Cada entorno debe desencadenar el estado mental necesario para el tipo específico de trabajo que se realiza en él.

EL MITO DE LA JORNADA LABORAL DE OCHO HORAS

La jornada laboral tradicional de nueve a cinco está mal estructurada si lo que se desea es conseguir una alta productividad. Quizá cuando la mayor parte del trabajo era físico, tenía sentido trabajar todo ese tiempo, pero no lo tiene en el mundo laboral basado en los conocimientos en el que ahora vivimos. ¿No me crees? Basta con mirar los efectos de esta *mentalidad* de trabajo deficientemente estructurada. Es corriente —incluso se espera— que los empleados tengan un desempeño mediocre, adicción a los estimulantes, falta de compromiso e incluso odio por sus empleos. Estas no son causas, sino efectos de un ambiente laboral artificial que no encaja con el siglo XXI.

Muchas organizaciones y países enteros se han dado cuenta de la transformación experimentada por el flujo laboral, ya que la mayoría de los puestos han cambiado de trabajo manual a mental. A consecuencia de esto, muchas organizaciones han acortado los turnos de trabajo a treinta horas por semana y ahora permiten a los empleados trabajar desde casa, sabiendo que a menudo un cubículo no es el mejor ambiente para el trabajo mental y creativo.

El horario tradicional de nueve a cinco es un claro ejemplo de la sociedad que opera con un conjunto de reglas que ya no tienen sentido en el nuevo sistema. El mundo ha cambiado. Si queremos tener éxito, necesitamos entender las nuevas reglas del sistema y optimizar nuestras vidas para ejecutar con éxito esas reglas. Las nuevas reglas de hoy son que las ideas y la creatividad son las aptitudes más codiciadas y rentables.

El mejor trabajo creativo requiere una mezcla de enfoque intensamente concentrado de una a cuatro horas, seguido de una mente relajada divagando en un entorno *diferente* a donde estabas realizando un trabajo intensamente enfocado. Hay que rotar los entornos. Según un estudio, solo el dieciséis por ciento de los encuestados declararon tener ideas creativas mientras estaban en el trabajo. Las ideas generalmente venían cuando estaban en casa, en el transporte o durante una actividad recreativa. «Las ideas más creativas no surgen mientras estás sentado frente a una pantalla», asegura Scott Birnbaum, expresidente de Samsung Semiconductor.

Cuando trabajas directamente en una tarea, tu mente está estrechamente enfocada en ella (es decir, su actividad es de reflexión directa). Por el contrario, cuando no estás trabajando, tu mente divaga libremente (reflexión indirecta). Mientras conduces o te dedicas a alguna otra actividad recreativa, los estímulos externos de tu entorno (como los edificios u otros paisajes que te rodean) inconscientemente suscitan recuerdos e ideas. Como tu mente está vagando tanto contextualmente (por diferentes temas) como temporalmente (entre el pasado, el presente y el futuro), tu cerebro hará conexiones distantes y diferentes relacionadas con el problema que estás tratando de resolver (¡eureka!). La creatividad, después de todo, consiste en establecer conexiones entre las diferentes partes del cerebro. La ideación y la inspiración son procesos que puedes perfeccionar.

Cuando se trata de trabajo creativo y mental, en lugar de trabajar de acuerdo con unas normas sociales arbitrarias, como el horario de nueve a cinco, es mejor hacerlo teniendo en cuenta tus mejores y más elevados niveles de energía. Según el psicólogo Ron Friedman, las primeras tres horas del día son las más preciadas para sacarle el máximo jugo a la productividad. Como señaló en un artículo de *Harvard Business Review*: «Normalmente, tenemos un espacio de unas tres horas en el que estamos verdaderamente muy concentrados. Somos capaces de realizar algunas contribuciones importantes en términos de planificación, en términos de pensamiento, en términos de expresarnos bien».

Los resultados de las investigaciones confirman que el cerebro, en concreto la corteza prefrontal, es más activo y fácilmente creativo inmediatamente después del sueño. Tu mente subconsciente ha estado vagando libremente mientras dormías, estableciendo conexiones contextuales y temporales. Una práctica efectiva para capturar las revelaciones subconscientes que te llegaron durante el sueño es ponerte de inmediato a escribir el diario en cuanto te despiertas. Es muy conveniente verter los pensamientos sobre el papel, ya que se relacionan con lo que estás intentando lograr, por ejemplo metas específicas.

Sin embargo, es importante que no te concentres excesivamente en esta sesión del diario, ya que debes permitir que la mente se mueva con total libertad. Este deambular puede conducirte a las mismas revelaciones que tuviste mientras dormías. He estado usando el método del diario matinal durante casi diez años. Cuando escribo en mi diario, a menudo a la puerta del gimnasio, mientras estoy en el coche, se me ocurren ideas sobre los artículos que voy a escribir o la gente con la que tengo que ponerme en contacto. Muchas de mis relaciones comenzaron con una idea que apunté en mi diario, que luego me llevó a actuar para conocer a alguien y, con el tiempo, a cultivar una relación que me cambió la vida.

Con el fin de sacarle aún mayor partido a esta experiencia, puedes aprender a dirigir las divagaciones de tu subconsciente mientras duermes. El inventor Thomas Edison dijo: «Nunca te acuestes sin hacerle una petición a tu subconsciente». Durante la transición del estado de vigilia al de sueño, las ondas cerebrales pasan del estado beta activo al alfa y luego a *theta* antes de caer finalmente en delta cuando nos dormimos. Es durante la fase *theta* cuando tu mente está más receptiva a la remodelación de tus patrones subconscientes. Justo antes de dormirte, piensa en aquello en lo que quieres que tu mente se concentre mientras duermes y visualízalo.

ROTAR ENTORNOS PARA INCREMENTAR LA ENERGÍA, LA PRODUCTIVIDAD Y LA CREATIVIDAD

Pese a que las investigaciones han demostrado que no es probable que obtengas más de tres a cinco horas de trabajo mental de alta calidad al día, puedes hacer algo para ampliar ese tiempo (o asegurarte de lograr esas horas preciosas de fluidez).

Según varios estudios de la psicóloga de la Universidad de Harvard Ellen Langer, la sencilla práctica de rotar el «contexto» puede mantener tu mente mucho más activa.

En uno de sus experimentos, le hizo realizar a un grupo de personas una tarea de escritura usando papeles de un mismo color, por lo general blanco. En el otro grupo, se realizaba la misma tarea, pero en los papeles se alternaban los colores, por ejemplo se pasaba de blanco a amarillo y luego de amarillo a blanco. Este pequeño y sencillo giro introducido en el entorno mantuvo a la gente más activa y comprometida.

Hacer lo mismo durante horas prolongadas en el mismo ambiente puede convertirse en una actividad rancia mentalmente. Necesitas novedad para mantener el cerebro activo. Necesitas un plazo de tiempo para mantenerte alerta. Necesitas dificultad para mantenerte abierto, con los pies pegados a la tierra y esforzándote. Si te das cuenta de que estás desconectando o distrayéndote a propósito, tienes que entrar en un nuevo entorno. A menudo, el acto de entrar en una habitación diferente facilitará que te surjan una gran cantidad de ideas relacionadas con el trabajo en el que estabas inmerso. Lo mejor es tomarse un breve descanso mental y luego continuar tu trabajo en un ambiente diferente, ya se trate de ir a otra habitación, cambiar de silla o ir a algún lugar completamente distinto durante unas horas.

NUNCA TRABAJES EN EL MISMO LUGAR DOS DÍAS SEGUIDOS

El autor y empresario Ari Meisel es muy consciente de cómo su entorno afecta a su pensamiento, sus emociones y su capacidad para realizar su trabajo. Presta mucha atención a los detalles, e incluso afina al máximo en aspectos como la iluminación de cada entorno en el que está con objeto de desencadenar el estado mental necesario para lograr lo que está tratando de hacer. Meisel ha dividido su semana laboral para no estar nunca en el mismo entorno dos días seguidos.

Como emprendedor, hace muchos tipos de trabajo, desde escribir blogs y grabar *podcasts* hasta crear productos físicos y realizar llamadas de asesoría. Tiene un día de la semana y espacios designados para sacar el mayor rendimiento al tipo específico de trabajo que va a realizar ese día. También, para producir mucho más, agrupa actividades que están relacionadas. En los días de escritura de blogs, escribe diez blogs y nada más. En los días de grabación de *podcasts*, a veces él y su pareja graban cinco o más episodios.

Lo que sigue es la descripción de una semana laboral de Meisel.

Lunes y viernes

Los lunes y los viernes, Meisel trabaja en el Soho House de Nueva York. Afirma que la conexión wifi es mala allí, lo mismo que la cobertura del móvil. Esto le beneficia, porque los lunes y los viernes, está completamente centrado en la escritura y otras formas de creación de contenido. Además, la iluminación de Soho House es más oscura y profunda, lo que crea la sensación de estar en una especie de cueva. Esto aumenta su concentración, ya que es menos probable que se distraiga con luces brillantes y otras personas.

En estos días de trabajo altamente creativo, Meisel no come casi nada hasta que ha terminado por completo. Hay una gran cantidad de investigaciones que apoyan esto: el trabajo enfocado es a menudo más fácil con el estómago vacío. Para citar al experto en productividad y empresario Robin Sharma: «Come menos y terminarás más cosas». Por supuesto, esto no es aplicable a todo tipo de trabajo, pero es muy relevante para el trabajo profundamente cognitivo y creativo. Un estómago lleno puede entorpecer la mente.

Por último, Meisel tiene estaciones Pandora[*] altamente especializadas para el trabajo que realiza los lunes y los viernes, que solo usa en Soho House mientras se dedica a su trabajo creativo. Esta música actúa como otro desencadenante para sumergirlo más profundamente en su estado de fluidez. Por lo general escucha música *electro swing*, en concreto la estación Pandora llamada Caravan Palace. Normalmente repite las mismas veinte canciones una y otra vez mientras las escucha con auriculares con reducción del ruido.

---

[*] N. del T.: emisoras de radio personalizadas a través de Internet.

Escuchar música clásica, ambiental o electrónica mientras se efectúa el trabajo creativo es una norma para muchos artistas y emprendedores. Además, a diferencia de Meisel, que repite las mismas veinte canciones, muchas personas (entre ellas yo) a menudo escuchamos la misma canción una y otra vez durante varias horas mientras trabajamos. En su libro *On Repeat: How Music Plays the Mind* [Sobre la repetición: cómo la música afecta a la mente], la psicóloga Elizabeth Hellmuth Margulis explica por qué escuchar música de forma repetitiva mejora la concentración. Cuando estás escuchando una canción una y otra vez, tiendes a fundirte con ella, lo que impide que la mente divague (¡deja a tu mente divagar mientras no estés trabajando!). El fundador de WordPress, Matt Mullenweg, escucha una sola canción repetidamente para entrar en el estado de fluidez. También lo hace el autor Tim Ferriss y muchos otros. Hay sitios web como listenonrepeat.com que te permiten escuchar repetidamente los vídeos de YouTube.

Martes

Meisel reserva los martes para hacer llamadas y celebrar reuniones. Pasa mucho tiempo al teléfono y conversando por videoconferencia. Este trabajo es mucho más enérgico y social que el que realiza en Soho House. Por consiguiente, trabaja en el apartamento de su socio, Nick. En cuanto Meisel entra en el apartamento de Nick, su cerebro hace clic en el modo social. Él y Nick tienen una relación altamente sinérgica, que hace que fluyan las ideas mientras están hablando con los clientes y haciendo reuniones. Quieren estar cerca el uno del otro, de modo que antes y después de las reuniones puedan comentar detalles de su actividad. Además, si bien cada uno de ellos está al teléfono con un cliente, el hecho de estar en presencia de un oyente físico los mantiene trabajando a su nivel más alto.

En los días que trabaja en el apartamento de Nick, Meisel no usa sus gafas de sol con bloqueador de luz azul. No lleva sus auriculares. Y sigue la estrategia de comer muchas grasas saludables además de proteínas, frutas y verduras, para mantenerse repleto de energía. Para un trabajo social y enérgico es conveniente alimentar bien el cuerpo.

Miércoles

Los miércoles, Meisel utiliza un espacio de trabajo en la ciudad de Nueva York por el que paga noventa y nueve dólares al mes. En este día lleva a cabo un gran número de videoconferencias y llamadas telefónicas similares al trabajo que efectúa en el apartamento de Nick el día anterior.

Jueves

Los jueves, Meisel no tiene un espacio designado permanente. El jueves es más fluido, dependiendo de los proyectos de ese momento. A veces tendrá reuniones, que influirán en donde trabaja. A menudo, irá a un estudio de grabación y pasará cinco horas grabando siete u ocho *podcasts*.

EL ENTORNO DEL HOGAR

Meisel no trabaja en absoluto mientras está en casa. Lo mismo que tener una televisión en el dormitorio, trabajar en casa puede crear un desajuste en los desencadenantes del entorno, lo que podría impedirte vivir en el momento. Meisel quiere estar completamente presente y *en casa* cuando está en su hogar. Al ser una persona creativa, se le ocurren espontáneamente muchas ideas dondequiera que esté. En consecuencia, uno de los principales aspectos de su entorno familiar es que cuenta con varios dispositivos y medios para registrar ideas.

Cuanto más tiempo dejes que una idea permanezca en tu mente sin ponerla en papel o sin registrarla de alguna otra forma, más esfuerzo requerirá tu memoria a corto plazo. Meisel tiene Amazon Dash Wand[*] para grabar las ideas que le surgen. Esos pensamientos pueden estar relacionados con el trabajo o pueden ser tan simples como «necesitamos pedir algo de Amazon». También usa mucho su Alexa[**] para grabar ideas. Por toda la casa tiene esparcidos grabadores de voz porque a menudo está haciendo una tarea en la que no puede usar

---

[*] N. del T.: un dispositivo que permite grabar mensajes y comprar por Internet con instrucciones de voz.
[**] N. del T.: asistente de voz de Amazon.

las manos. De esa manera, incluso mientras cambia el pañal de su hijo puede registrar una idea en el momento en que se le ocurre. Meisel se toma esto bastante más en serio que la mayoría de la gente: en la ducha, utiliza AquaNotes, un bloc de notas impermeable para apuntar todo lo que le viene a la mente mientras se está duchando.

Para él, todo su proceso se puede dividir en tres estrategias clave: optimización, automatización y externalización. Su primer objetivo es hacer que las cosas funcionen bien y eliminar todo lo que suponga un desfase en su entorno o en su vida. Una vez que algo está optimizado, lo automatiza todo lo posible con el uso de la tecnología. A diferencia de la mayoría, que se ha convertido en esclava y adicta de la tecnología, Meisel es un ejemplo increíble de alguien que utiliza esa tecnología para aumentar su influencia y para pasar más tiempo *fuera del trabajo* y así poder involucrarse activamente con su familia. Una vez que todo ha sido automatizado en su vida, externaliza el resto. Lo único que no automatiza ni externaliza es lo que mejor se le da hacer: esa habilidad y esa capacidad que solo él tiene. El resto se lo encarga a alguien o a algún dispositivo tecnológico.

CONCLUSIÓN

El entorno es parte del trabajo. Cada entorno tiene sus reglas, y claramente algunos son mejores para ciertos tipos de actividades. Debes trabajar en los entornos que te provocan el estado mental necesario para los diversos tipos de trabajo que realizas.

Además, para aumentar tu nivel de compromiso, es preciso cambiar continuamente de entornos de trabajo. No hace falta que vayas a lugares completamente diferentes a lo largo de tu semana laboral como Meisel. El simple hecho de cambiar de habitación cada pocas horas o para diversas tareas tendrá efectos extraordinarios.

Asimismo, tómate los descansos mentales necesarios entre sesiones intensamente concentradas de trabajo. No malgastes estos descansos navegando por Internet para distraerte. En lugar de eso, sal de tu espacio de trabajo y muévete un poco. Si puedes salir a la calle o exponerte a muchos estímulos externos, como árboles y gente, mejor. Mientras te relajas, tu mente divagará y comenzará a hacer conexiones distantes y diferentes relacionadas con el trabajo que estás desarrollando.

Si rotas y alternas tus entornos de trabajo, dispondrás de una gran cantidad de energía. No te aburrirás ni te distraerás tan fácilmente. Obtendrás ideas mucho más creativas. Esto funciona muy bien al realizar un conjunto de actividades en un entorno específico. Haz una gran cantidad de una sola actividad en un solo día y en un solo entorno. Esto es muy diferente a como trabaja la mayoría de la gente. Lo habitual es trabajar en el mismo entorno y constantemente cambiar de tarea a tarea. Por lo tanto, no se está optimizando el entorno y nunca se entra en el estado de fluidez.

Capítulo trece

DESCUBRE COLABORACIONES AUDACES

Diseña tu mundo a partir de con quién quieres trabajar

Algunas reglas se pueden torcer,
otras se pueden romper.

Morpheus

En la novela de ciencia ficción *El juego de Ender*, el personaje principal, Ender, es un chico reclutado por el gobierno a quien llevan a una escuela espacial en órbita donde entrena para convertirse en un líder militar. La modalidad de entrenamiento básico es en forma de un «juego» enormemente competitivo. Como Ender, hay muchos otros niños que están siendo entrenados en la escuela espacial. Estos chicos pertenecen a equipos que compiten en una sala de batalla altamente sofisticada. En el comedor donde comen todos los niños, hay un marcador electrónico gigante que lista los equipos de mejor a peor en orden descendente. La competencia es feroz.

Resulta que Ender tiene, con diferencia, mayor capacidad de adaptación que el resto de los niños, supera incluso a aquellos que le sacan varios años. Además su nivel de tolerancia a la incertidumbre es elevado y por lo tanto no se desorienta ante nuevas situaciones. Es muy consciente de sus entornos cambiantes y, a diferencia de los otros, se da cuenta de que la orientación de la gravedad cero es puramente relativa. No existe arriba y abajo. Sin embargo, observa que los otros equipos insisten en mantener la orientación de los ambientes gravitacionales después de entrar en gravedad cero.

Como las reglas en gravedad cero son diferentes de las reglas en el pasillo que conduce a la sala de batalla, la rápida adaptación de Ender se convierte en una gran ventaja. Según la doctora Ellen Langer, profesora de Psicología en la Universidad de Harvard y directora del Instituto de Mindfulness de Langer, el *mindfulness** no es más que conciencia del contexto, así como el conocimiento de la variabilidad o las alteraciones de ese contexto. Si no prestas atención, no ves los matices. Das por hecho que todo es blanco y negro. Piensas que las reglas de un entorno son las mismas que las de otro. También supones, incorrectamente, que eres la misma persona en un entorno y en otro, y por lo tanto es menos probable que veas tu propio papel y tengas la capacidad de transformarlo.

---

* N. del T.: atención plena.

Ender usó su entendimiento para manipular radicalmente el juego a su favor. Destruyó a los otros equipos aprovechando su inconsciencia de la gravedad cero. Como nunca antes habían visto algo así, los otros equipos no sabían cómo responder. Sin embargo, no tardaron en aprender lo que Ender estaba haciendo. Y llegó un momento en que se vieron obligados a cambiar su mentalidad con respecto a la escuela de batalla y al juego.

La mayoría de las personas operan bajo suposiciones muy limitadas e incorrectas. Muy pocas ven conscientemente lo que los demás no ven. Como las pulgas en el frasco, casi todos operamos bajo el dogma del pensamiento grupal. La mentalidad de la sociedad prevalece, pese a lo errónea que es. Vivimos cegados por las normas culturales y, lo que es igual de importante, damos erróneamente por sentado que estas normas son inalterables. Cada entorno es una ecología, y por lo tanto tiene una naturaleza fluida, maleable y viva.

LAS CONEXIONES AUDACES ROMPEN LAS NORMAS

El día antes de que algo sea un verdadero descubrimiento, es solo una idea descabellada.

Peter H. Diamandis

En 1905 Albert Einstein publicó cuatro artículos de investigación, conocidos como «artículos del *annus* *mirabilis*,* que con el tiempo alterarían sustancialmente la base de la física moderna en lo referente al espacio, el tiempo y la materia. Lo curioso es que cuando Einstein publicó estos artículos no estaba trabajando en un ambiente académico sino en la oficina de patentes suiza. Su trabajo en este entorno contraproducente le permitió ángulos reflexivos y preguntas diferentes a los de un laboratorio físico normal. Las conexiones que fue capaz de hacer lo llevaron a los avances innovativos y científicos que transformaron la manera en que la humanidad ve actualmente la totalidad del mundo y el cosmos.

Veamos otra entidad con una enorme influencia (indiscutiblemente la banda más influyente e innovadora a nivel musical y cultural del siglo XX): *The Beatles*. El talento principal de los Beatles consistía en su habilidad para hacer conexiones audaces. El profesor David Thurmaier, que enseña la teoría de la música, explica: «Por encima de todo, los Beatles seguían sintiendo curiosidad por todos los tipos de música, y reinventaron continuamente la suya propia añadiéndole influencias frescas de diversas culturas. Esta experimentación añade una dimensión a su trabajo que lo distingue de la música de sus contemporáneos».

Más allá de incorporar y cohesionar ideas de una amplia gama de fuentes, los Beatles eran también sistemáticos en la colaboración. John Lennon esbozaba

---

* N. del T.: expresión latina que puede traducirse como «año de los milagros» o «año de las maravillas».

ideas, o fragmentos de una canción, y luego pasaba las ideas a Paul McCartney para que las mejorara o finalizara. Paul hacía lo mismo. Uno de los dos podía añadir una transición o puente a las estrofas y el estribillo del otro. Lennon describió su sinergia como «escribir ojo a ojo» y «tocar en la nariz del otro». A menudo, dos canciones incompletas se fundieron en una obra maestra gracias a este proceso.

Lejos de como la mayoría de la gente imagina la creatividad –como algo incontrolado e impredecible, que ocurre aisladamente–, los Beatles tenían un sistema que funcionaba. Paul McCartney relata: «Como de costumbre, para estas canciones coescritas, John tenía a menudo apenas el primer verso, que era siempre bastante: era la dirección, el poste indicador y la inspiración para la canción entera. Odio la palabra, pero era la plantilla». La colaboración es el acto físico de establecer conexiones nuevas y originales. Cuando dos o más personas trabajan juntas hacia un objetivo compartido, la producción de su trabajo es diferente de la suma de las aportaciones; el conjunto varía, y ya no es una mera suma de piezas. Las conexiones que se hacen a partir de dos fuentes originales probablemente no surgirían al fusionar otras fuentes.

La habilidad de los Beatles para innovar no era casual. Eran músicos de un gran talento, bien entrenados y bien versados. Al integrar influencias audaces en su entorno, fueron capaces de impulsarse creativamente más allá de los límites establecidos por otros. Como dijo Pablo Picasso: «Aprende las reglas como un profesional, para que puedas transgredirlas como un artista».

Como suele ocurrir, la gente inicialmente sentirá rechazo ante tu visión de futuro. No entenderán las conexiones que estás tratando de hacer. Sin embargo, si puedes reunir de forma convincente una serie de ideas y destilarlas en un concepto simple, finalmente la nueva idea cobrará fuerza.

Una vez que las nuevas ideas cobran fuerza y se vuelven omnipresentes en un entorno, ese entorno cambia. De forma cíclica, el nuevo entorno remodela a la gente. Como dijo Winston Churchill: «Diseñamos nuestros edificios; a partir de ahí ellos nos dan forma a nosotros». Cuando los Beatles transformaron el entorno, este pasó a cambiar la cultura y la humanidad.

EL PODER DE LAS COLABORACIONES AUDACES

Nunca cambias las cosas luchando contra la realidad existente. Para cambiar algo, construye un nuevo modelo que haga obsoleto el modelo existente.

R. Buckminster Fuller

Hay un concepto clave que algunos de los mejores emprendedores están aprovechando extremadamente bien. Las «colaboraciones audaces» (a las que a veces se hace referencia como *co-branding*) pueden crear un escenario en el cual las fortalezas de cada negocio, idea o persona, al combinarse, dan como resultado una ecuación en la que «uno más uno es igual a diez».

En 2017 mi esposa y yo fuimos a Perú a comer en el famoso Central, un restaurante que a menudo se ha clasificado entre los cinco mejores del mundo. Las reservas son exclusivas y la experiencia culinaria única. Pero lo que más me fascinó fue la colaboración entre el chef Virgilio y su hermana Malena, botánica. Virgilio me contó que una vez que tuvo su idea de llevar todas las altitudes* de Perú a su cocina, supo que necesitaba la colaboración de su hermana. Ella no trabajaba en la industria alimentaria, y convencerla no fue fácil. Para hacerlo, organizó el viaje culinario perfecto a Nueva York. Sabía que con ella en su equipo crearían algo que nadie había hecho antes.

Además, uno de los conceptos básicos de Virgilio es encontrar personas ambiciosas en lugares inesperados. Cuando le reparan el coche, mira al mecánico y se pregunta: «¿Este mecánico es ambicioso?». Cuando descubre la ambición en otros, sabe que, al trasladarlos a su entorno, puede transformar a otros profesionales en increíbles chefs y camareros.

---

* N. del T.: se refiere a la altitud respecto al mar: los platos se diseñaron con alimentos cultivados en las distintas altitudes del país; así se sirven platos que van desde por debajo del nivel del mar hasta una altitud de más de diez mil metros.

Otro ejemplo: la combinación GoPro con Red Bull dio lugar a Red Bull Stratos, un programa de salto espacial. Gracias a GoPro y Red Bull, el 14 de octubre de 2012, Felix Baumgartner voló casi cuarenta kilómetros en la estratosfera sobre Nuevo México en un globo de helio antes de bajar a la Tierra en caída libre en un traje de presión y con un paracaídas. El salto total, desde la salida de la cápsula hasta el aterrizaje, duró aproximadamente diez minutos. Baumgartner voló en caída libre durante cuatro minutos y diecinueve segundos antes de tirar de la cuerda del paracaídas.

Este evento no habría tenido lugar sin la colaboración de ideas de GoPro y Red Bull. Sus capacidades estaban igualadas. Ambos produjeron asombrosas contribuciones en forma de tecnología, filosofía, público y objetivos. El conjunto era novedoso y diferente de lo que cualquiera de ellos podría haber inventado por su cuenta. Como resultado, se rompieron récords mundiales, se desarrollaron nuevas tecnologías y millones de personas en todo el mundo disfrutaron y se sintieron motivadas.

El emprendedor en serie* Stevens Down tiene un talento especial para realizar colaboraciones audaces que remodelan industrias. En 2015, lanzó una cadena de restaurantes llamada Even Stevens. Pidió prestada una idea de la empresa de calzado TOMS, que por cada

---

* N. del T.: *serial entrepeneur*. Se denomina así a quien crea múltiples negocios, en distintos sectores y muy diversos.

par comprado proporciona un par de zapatos a una persona necesitada. En Even Stevens, por cada sándwich que se paga, alguien sin recursos de la localidad recibe un sándwich gratis.

Al principio, cuando se le ocurrió la idea, comenzó a preguntarles a los amigos y a miembros de la industria hostelera. Sin embargo, se decepcionó rápidamente con las respuestas. En el mundo de la hostelería los márgenes y los presupuestos son reducidos. Muy pocos restaurantes son rentables, y mucho menos los que están empezando. ¿Cómo podría un nuevo concepto tener éxito al mismo tiempo que proporcionaba cientos de miles de sándwiches gratis al mes a los más desfavorecidos?

Si Down hubiera pasado un largo periodo de tiempo en el mundo de la hostelería, probablemente no habría intentado empezar algo como Even Stevens. Iba en contra de las convenciones y las normas del sector. Sin embargo, venía de un ambiente muy diferente, y por lo tanto tenía nociones y estrategias muy distintas sobre cómo crear y desarrollar negocios. Con una formación en finanzas, pasó mucho tiempo llevando las cuentas. Se reunió con varias organizaciones sin ánimo de lucro locales y finalmente llegó a una conclusión rentable acerca de cómo podría crear un restaurante con conciencia social que tuviera un impacto positivo en la comunidad.

En los últimos tres años se han abierto más de quince restaurantes Even Stevens en Utah, Idaho y Arizona. Casi todos se volvieron rentables al mes de estar abiertos. Cada Even Stevens está asociado con varias organizaciones no lucrativas cercanas. Las ganancias de cada sándwich se ofrecen a una organización sin ánimos de lucro que luego compra al por mayor los suministros necesarios para preparar sándwiches para quienes carecen de recursos en la localidad. Es un sistema rentable y limpio. Es también una colaboración muy singular entre una empresa privada y organizaciones si ánimo de lucro locales.

Según Down, la única manera en que el concepto Even Stevens podría funcionar es que la comida fuera excepcional. Si no era buena, la gente pensaría que todo era un truco. Por consiguiente, realizó una gran investigación inicial sobre cómo desarrollar un menú «artesanal» de categoría internacional para un tipo de comida rápida e informal. Contrató a un chef altamente especializado y famoso para ayudarlo. Down quería un concepto único y admirable para atraer gente, pero también que la comida fuera espectacular. Durante los tres primeros años que Even Stevens estuvo abierto, ganó el título de mejor restaurante y mejor sándwich en todo el estado de Utah.

DESARROLLA TUS PROPIAS COLABORACIONES AUDACES

Solos podemos hacer muy poco; juntos podemos hacer muchísimo.

Helen Keller

Si juegas con las mismas reglas que todo el mundo, tus resultados serán corrientes. Si lees los mismos libros que los demás, no lograrás llegar a acuerdos conceptuales únicos. En otras palabras, no podrás crear nuevas conexiones que acaben reconfigurando las reglas de tu entorno.

Con una mentalidad de lobo solitario no se puede hacer mucho. La independencia no debería ser el objetivo. Deberías buscar la interdependencia y la sinergia. Las ideas que se te ocurren por tu cuenta quizá sean interesantes, incluso brillantes. Pero las ideas que se podrían plantear al colaborar con personas de orígenes y mundos muy diversos tienen el potencial de alterar completamente las reglas de lo que estás haciendo. Cuando desarrollas colaboraciones audaces, especialmente con gente que ya ha triunfado sobradamente en su mundo, puedes conseguir diez o incluso cien veces más que cuando te centras solo en tus objetivos.

Si no colaboras con personas de diversos orígenes con experiencias, conjuntos de aptitudes y perspectivas radicalmente diferentes de las tuyas, tus posibilidades de hacer conexiones audaces que cambien el mundo serán muy bajas. Casi todos compiten con quienes tienen un nivel similar. La mayoría colabora con otros en el mismo segmento del mercado con una formación parecida. Sus perspectivas sobre la vida son demasiado similares a las de quienes los rodean como para romper las reglas de las normas existentes.

LA INDEPENDENCIA NO DEBERÍA SER TU META

Según Robert Kegan, psicólogo y exprofesor de la Universidad de Harvard, la mayoría de la gente avanza desde un yo «socializado» hasta un yo «autodirigido». Un yo socializado es un estado de dependencia total. Cuando te encuentras en esta etapa, todo lo que haces se calcula para evitar el miedo y la ansiedad. Solo haces lo que crees que los demás quieren que hagas.

La autodirección, por el contrario, es un estado de independencia. En este nivel de evolución consciente, tu pensamiento se vuelve más complejo. Has desarrollado metas, estrategias y un plan de acción. Todo lo que haces, por tanto, es promover ese plan. Las relaciones, por ejemplo, son un medio para alcanzar tus objetivos. Si ciertas relaciones ya no sirven a tu plan, prescindes de ellas. La mayor parte de la autoayuda inspira este nivel de pensamiento. Las personas autodirigidas se creen extraordinarias. Mejores que las demás. Están escribiendo su propio relato. Y sin duda, esa es una propuesta mucho mejor y más estimulante que vivir en un estado reactivo e inconsciente.

Desafortunadamente, un gran inconveniente de la autodirección y el pensamiento «independiente» es que no puedes ver más allá de tu propio filtro mental. Y a menudo tus planes y metas no son ideales. Sin embargo, debido a que estás empeñado en alcanzar tu objetivo particular, rechazas o ignoras información que contradice tu esquema o parece ser irrelevante para él. Es más, crees que tu filtro es la realidad objetiva, o la forma en que el mundo realmente funciona.

Finalmente, Kegan explica la tercera y última etapa de la evolución consciente. Muy pocas personas alcanzan este nivel de complejidad mental. Pasar de dependiente a independiente es mucho más fácil que ir más allá de la independencia. El éxito es la barrera impenetrable que la mayoría de la gente no logra cruzar. La tercera etapa de Kegan es el yo transformador. En esta, la fase más elevada, tienes una visión de la vida, pero no estás «fusionado» con ella. Puedes alejarte de tu filtro mental y en realidad lo miras desde el exterior. Puedes comparar y contrastar tu filtro con otros filtros.

En el escenario transformador, valoras una postura, un análisis o un plan de acción y a la vez desconfías de él. En consecuencia, estás abierto al aprendizaje y la retroalimentación y constantemente tratas de ajustar y mejorar tu enfoque. Lo que es correcto es mucho más importante que tener razón. Es el contexto lo que determina lo que es correcto.

Lo que estaba bien ayer puede que ya no esté bien hoy. Eres flexible pero decidido. Así, como el yo autodirigido, tienes un mapa de a dónde quieres ir, pero estás abierto a modificar, ampliar y posiblemente redirigir por completo ese mapa con una mejor información. En lugar de obsesionarte con un resultado en particular, esperas que ocurra el mejor resultado.

Solo cuando trasciendes la etapa autodirigida y alcanzas la de autotransformación puedes experimentar conscientemente los beneficios de la colaboración. De hecho, cuando estás en la etapa autodirigida, crees que eres la única causa de tu éxito y por lo tanto sigues ignorando el hecho de que cada pensamiento que se te ha ocurrido y cada objetivo que has perseguido recibió la influencia de tu entorno.

Una vez en la etapa transformadora, evitas a propósito las relaciones transaccionales y buscas otras transformacionales. No sabes qué nuevos elementos se integrarán en tu sistema, pero debido a que tu trayectoria es ascendente, estás seguro de que los cambios serán mejores y diferentes de lo que podrías imaginar por tu cuenta.

Desde el punto de vista del yo transformador, ver las cosas solo de una manera parece ignorante y tremendamente limitador. Un solo filtro, no importa lo refinado que sea, tiene sus desventajas. Especialmente en un mundo en constante cambio. Además, cuando estás atrapado en una etapa de independencia, la profundidad y la amplitud de tu evolución personal se atrofian. No estás buscando intencionalmente que tu paradigma ceda ante una mejor idea. No estás colaborando con personas más experimentadas que tú. Estás tan obsesionado con lo que quieres que no puedes ver más allá. Tu ego te impide ser mucho más de lo que podrías ser.

Muy pocos productos de crecimiento personal llegan a insinuar siquiera la posibilidad del yo transformador. La competencia y la independencia son las metas principales para la mayor parte del pensamiento individualista. La razón por la que los productos de autosuperación raramente enseñan a niveles más altos y contextuales es simple: vivimos en una cultura altamente individualista. El individuo es el centro y la obsesión. Como país, Estados Unidos, al igual que ocurre en buena parte del mundo desarrollado, está en peligro de colapso, porque nos hemos olvidado del conjunto mayor y el propósito común. Ya no somos un *cuerpo unido*, sino un grupo de individuos aislados, sin sentido del entorno que hemos creado. Ahora, sin que seamos conscientes de ello, ese entorno nos está dando forma.

RESUMEN

Cada entorno y cada sector operan bajo varias reglas. Esas reglas no son irrefutables. Incluso las leyes físicas, como la gravedad, pueden aprovecharse y manipularse. Durante siglos, el sector de viajes trabajó en el ámbito de la gravedad manteniendo a la gente en el suelo. Las colaboraciones de científicos, innovadores y emprendedores siempre han echado por tierra las reglas «tradicionales» y las han sustituido por otras nuevas y mejores. Así es como funciona la innovación y la evolución: reorganizar las reglas, las estructuras y las normas de un entorno.

En todo el mundo, hay una gran presión para ser «independiente». Esto viene en gran parte de la obsesión de Occidente con el individualismo. A diferencia de las perspectivas culturales más orientales, la cultura occidental ve al yo como singular y separado del contexto. Esta perspectiva, aunque estimulante, es también ingenua y falsa. Los avances tecnológicos han hecho aún más evidente la interdependencia mundial. Todos dependemos el uno del otro para hacer lo que estamos haciendo, a nivel personal, social y global.

La independencia no debe ser tu objetivo, especialmente si estás tratando de cambiar el mundo. La razón es sencilla: tu perspectiva personal es muy pequeña y estrecha. Tus planes de acción, por inspiradores y altruistas que sean, se limitan a tus propios planes. Si los combinas con los de otros individuos u organizaciones, tus proyectos se transformarán. Se expandirán y cambiarán de una manera que ahora no alcanzarías a comprender, porque la combinación de ideas y personas es la única manera de formar algo original y nuevo.

Si estás dispuesto a ir más allá de la ideología omnipresente de la independencia y a abrazar plenamente la interdependencia y las relaciones transformacionales, no solo tendrás la capacidad de superar a tu competencia de mentalidad transaccional, sino también la oportunidad de hacer añicos las reglas y paradigmas del sistema en el que estás operando. Lo que todos los innovadores quieren hacer es reformular las reglas, las normas y la forma de comunicarse en un sector en particular. Porque, independientemente de lo bien que vayan las cosas, siempre se puede mejorar. Y cuando se mejora un sistema, se mejora la vida de todos los que se encuentran en ese sistema, incluso la de la competencia. Cuando mejoras el entorno para tu competencia, los obligas a pensar, a crear y a vivir en un nivel más alto, lo que a su vez te fuerza a elevar también la calidad de tu juego. Así es como funciona la evolución.

Capítulo catorce

NUNCA OLVIDES TUS ORÍGENES

Recuerda el entorno en el que comenzaste

P hiona Mutesi es una jugadora de ajedrez de Uganda. Nació en 1996 en un suburbio llamado Katwe, el mayor barrio de la ciudad de Kampala. Decir que Phiona creció pobre se quedaría muy corto. Se crio en un lugar donde tener un ciclomotor se considera ser rico. La mayoría de la gente de su barrio solo tenía un puñado de posesiones. Muy pocos habían recibido educación. La mayoría eran trabajadores agrícolas.

Cuando tenía nueve años, Phiona abandonó la escuela porque su madre no podía permitirse el lujo de tenerla allí. Se pasaba los días vendiendo maíz en las calles. Un día, en 2005, recorrió junto a su hermano la ciudad para intentar vender maíz, y se toparon con una escuela dirigida por el Sports Outreach Institute, una misión cristiana y deportiva. La escuela ofrecía gratis *porridge** e incluso lecciones de ajedrez. Phiona y su hermano acudieron por la comida, pero inmediatamente se sintió atraída por aquel juego que decenas de niños jugaban.

La escuela es un proyecto misionero cristiano fundado por Robert Katende, que huyó de la guerra civil de Uganda cuando era niño y después quedó huérfano. De adulto, encontró trabajo con Sports Outreach, una organización sin ánimo de lucro con sede en Virginia que utiliza los deportes para difundir el cristianismo. Todos los días a las cinco de la tarde, entre doce y cincuenta niños se reúnen en el instituto para jugar al ajedrez, charlar y escuchar los sermones religiosos.

Phiona y su hermano empezaron a ir periódicamente para jugar al ajedrez. Ella se enamoró de este juego y se obsesionó con él. No sabía leer, y por lo tanto Katende no esperaba que aprendiera algunas de las posiciones más complejas. Sin embargo, con el tiempo comenzó a mostrar un alto grado de comprensión de los elementos más profundos del juego. Pronto empezó a ganar a los jugadores más adinerados y entrenados de diferentes ciudades.

Con el tiempo fue capaz de salir de su barrio marginal y conocer una vida más próspera. Disponía de mejor comida, ropa más agradable y un lugar más cómodo para dormir. Estas experiencias la cambiaron. Tras haber empezado a tener éxito y hacerse un nombre por sí

---

* N. del T.: gachas de avena.

misma, ya no se conformaba con el trabajo de baja categoría de los suburbios. Su mente se había expandido y ella quería más para su vida. Su madre estaba enojada con Katende por contaminar a su hija, que ya no se sentía cómoda en su entorno familiar.

Phiona pasó un largo periodo de tiempo desconectada de su casa. Estaba atrapada en una especie de limbo, lo que el famoso escritor Jeff Goins ha llamado el estado «intermedio». Como una langosta que ha crecido demasiado para su caparazón y debe encontrar uno nuevo, puedes sentirte desnudo y como un extraño. Phiona llegó a tener mucho éxito, se convirtió en uno de los mejores jugadores de ajedrez de toda Uganda. De hecho, evolucionó y fue capaz de trascender su entorno limitador y crear uno más expansivo y poderoso. Logró aprender reglas nuevas y mejores, lo que la llevó a adquirir una educación, ganarse la vida y ser capaz de sacar a toda su familia de los barrios marginales.

A pesar de haber cambiado a lo largo de su experiencia, Phiona nunca olvidó de dónde venía. Nunca se olvidó de la gente que amaba. No se puso por encima de ellos. Sin embargo, no rebajó sus exigencias con el fin de hacer que su familia se sintiera cómoda. Vivió su vida a un nivel mucho más alto y se los llevó con ella. Cambió su propio entorno y luego cambió el entorno de sus seres queridos. No dejó que el lugar del que venía le impidiera llegar a donde iba.

NUNCA OLVIDES TUS ORÍGENES

Según un fascinante artículo de Bruce Feiler, publicado en 2013 en *The New York Times*, sentirse conectado a una historia familiar puede tener un impacto significativo. En el artículo, Feiler hace referencia a la investigación realizada a finales de la década de los noventa por los psicólogos Marshall Duke y Robyn Fivush, que quisieron estudiar por qué las familias se estaban desintegrando con más frecuencia; específicamente, lo que «las familias podrían hacer para contrarrestar esa tendencia». Lo curioso es que, aproximadamente en esa misma época, la esposa del doctor Duke, Sara, que también era psicóloga y trabajaba con niños discapacitados, notó algo peculiar: «Los que conocen bien sus familias tienden a actuar mejor cuando se enfrentan a desafíos», le dijo a su marido.

¿Por qué sería?

Esta sola idea llevó a los doctores Duke y Fivush a explorar el recuerdo familiar. Finalmente crearon una medida psicológica llamada la *Escala* que consta de veinte preguntas. Estas son algunas de ellas:

- ¿Sabes dónde crecieron tus abuelos?
- ¿Sabes dónde cursaron estudios de secundaria tus padres?
- ¿Sabes dónde se conocieron tus padres?
- ¿Sabes de alguna enfermedad o de algo realmente terrible que le haya sucedido a tu familia?
- ¿Sabes cómo fue tu nacimiento?

Tras realizar investigaciones sobre muchos niños y familias y comparar sus resultados con una batería de pruebas psicológicas a las que los niños se habían sometido, los doctores Duke y Fivush llegaron a una conclusión abrumadora. Los niños que sabían más sobre la historia de su familia mostraban un control mucho mayor sobre sus vidas. Tenían mayor autoestima y contaban un relato mucho más saludable sobre su familia y su historia. La *Escala* resultó ser el indicador más fuerte del bienestar emocional de un niño y de su sensación de felicidad.

Curiosamente, esta investigación se produjo poco antes de los ataques terroristas del 11 de septiembre. Los doctores Duke y Fivush decidieron reevaluar a los niños de su investigación. Los resultados fueron convincentemente claros. Según el doctor Duke: «Una vez más, los que sabían más sobre sus familias demostraron ser más resilientes, lo que significa que podrían moderar los efectos del estrés».

Es interesante resaltar que el doctor Duke ha descubierto que en las familias generalmente se cuenta uno de los tres relatos unificadores que existen. El primero es un relato ascendente, en el que una familia habla de lo lejos que han llegado de una generación a la siguiente. Por ejemplo: «Cuando nuestra familia se mudó a este país, no teníamos nada. Tu abuelo ni siquiera fue al instituto. Ahora mira dónde estamos». El segundo relato es descendente; en él una familia habla de dónde se encontraban y de cómo las cosas han ido a peor. El tercer relato y el más saludable es oscilante; en él la familia habla de sus altibajos.

Para el doctor Duke, saber de dónde vienes puede proporcionarte «una sensación de ser parte de una familia más grande». Los niños desarrollan una mayor confianza en sí mismos cuando tienen un «yo intergeneracional» fuerte, que consiste en saber que formas parte de algo más grande que tú mismo.

Según el experto en gestión Jim Collins, a las organizaciones humanas de cualquier forma, ya sean familias o empresas, les va mejor cuando están conectadas con su historia de origen. Las religiones y otros grupos, como el ejército, también aprovechan esta necesidad humana clave, la necesidad de tener un contexto con algo más grande que uno mismo, resaltando continuamente dónde se originó el grupo. Las tradiciones se crean con objeto de *recordar*.

El doctor Duke recomendó que los padres crearan actividades similares con sus hijos para inculcarles un profundo sentido de la historia personal. Crear tradiciones, como ir de vacaciones, o hacer ciertas cosas habitualmente en familia es muy saludable para el desarrollo de un niño y su éxito en la vida a largo plazo. Incluso si al crecer el niño decide no continuar con las mismas tradiciones en su edad adulta, seguirá teniendo un sentido de la familia y la historia.

¿Cómo se puede aplicar esto?

No olvides tu origen. No solo eso, aprende más acerca de tu historia y tus raíces. Desarrollarás un aprecio mucho mayor por la vida que tienes. Una vez más hay que decir que no eres independiente de tu contexto. Los que te preceden hicieron posible que estés donde estás. Y cuanto más llegues a conocer a alguien, incluso si ese alguien son los miembros de tu familia disfuncional, más empatía y amor sentirás hacia ellos. Cuanto más consciente seas de su historia, más sensación de control tendrás sobre tu vida. Cuanto más contexto construyas a tu alrededor, más sano estarás.

Por supuesto, aprender sobre tu historia no significa que debas repetir esa historia. Puedes y debes evolucionar más allá de la generación anterior. No eres algo fijo. La «naturaleza» no te tiene atado. Puede cambiar a medida que cambia tu entorno.

TU PASADO NO TE TIENE ATADO, PERO DEBERÍAS HONRARLO

Una noche, a raíz del éxito de un artículo que había escrito recientemente, recibí este mensaje de un familiar: «Sigue con tus obras y tus palabras con la misma certeza, alabo tu confianza. Sin embargo, te aconsejo que, por muchos elogios que recibas, recuerdes QUIEN realmente eres». Este mensaje no me sorprendió en absoluto. Es muy corriente creer que las personas son estructuras fijas que no pueden cambiar. Quien yo era en el instituto, es quien siempre seré. Me moriré siendo el mismo que era al nacer. Le respondí a mi familiar que lo que él cree sobre «quien realmente soy» y lo que creo yo son dos cosas muy diferentes. Yo no creo que tenga una identidad fija; no estoy limitado por el entorno en el que estaba atrapado antes. Elegí un entorno distinto y convertirme en alguien diferente. Y nunca voy a dejar de evolucionar y cambiar. Aun así, es extremadamente importante que respete de dónde vengo y no lo olvide nunca.

Y lo mismo se puede decir de ti.

No importa lo «exitoso» o «evolucionado» que llegues a ser (o creas que has llegado a ser), es fundamental que no dejes que eso te vuelva egocéntrico. Puedes aprender a operar siguiendo reglas de muy alto nivel que la mayoría de las personas ignoran por completo. Tu entorno habitual puede ser un sueño inalcanzable para la mayoría. El trabajo que realizas puede impactar en millones de vidas. Puedes sentirte feliz y orgulloso de todo lo que has sido capaz de lograr. Sin embargo, si te tomas en serio las ideas de este libro, te darás cuenta de que tú no eres la causa de tu éxito. Eres el producto de tu entorno cambiante.

Cada generación da por hechas las reglas del nuevo sistema en el que vive. Por ejemplo, los niños que crecen hoy en día no son capaces de concebir un mundo sin móviles ni Internet. Pueden creer erróneamente que su capacidad para crear y hacer cosas brillantes depende por completo de sí mismos. Es mucho más cierto que pueden hacer lo que hacen porque su entorno se lo permite. Sus perspectivas de la vida están formadas por el ambiente en el que viven. Las generaciones que los precedieron y que, con enormes sacrificios, crearon el mundo que los rodea hacen posible que ahora estén donde están.

Igualmente, tú también debes mucho a todo lo que sucedió antes. No podrías estar donde estás sin los desafíos a los que te has enfrentado, los mentores que has tenido y la infinidad de seres humanos que han creado el mundo en el que vives. Cuando crees que eres la única causa de tu éxito, cometes lo que los psicólogos llaman el *error de atribución fundamental*. Te atribuyes tu éxito a ti mismo.

No.

Tu éxito, en la forma en que se ha dado, no podría haberse producido sin tu entorno. Fueron las circunstancias y una infinidad de personas las que te han creado. Como dijo el empresario Michael Fishman, «la noción de hacerse a uno mismo es una quimera. Muchos jugaron un papel primordial en el hecho de que tengas la vida que tienes hoy. Asegúrate de demostrarles tu agradecimiento. Por ejemplo, la persona que te presentó a tu pareja, socio o cliente. Tienes que remontarte hasta ahí».

Ya que no eres la única causa de tu éxito, deberías permanecer en un estado continuo de humildad y gratitud. No te ganaste el nacer cuando naciste. Tampoco te ganaste Internet, ni a tus padres y mentores. No te ganaste todos los sacrificios que te han permitido los *privilegios* que tienes. Y dispones de una cantidad increíble de ellos. El destino de estos privilegios es ser utilizados para construir a partir de ellos. ¡Úsalos! ¡Aprovéchalos! Pero nunca olvides que no surgieron de ti.

Evolucionar no significa nunca que seas mejor que otros, especialmente aquellos que viven de acuerdo con reglas que constantemente producen resultados negativos. Lo mismo que tú eres fluido y no fijo, también lo son todos los demás. Nunca vales más que otros. Nadie tiene un valor absoluto, sino más bien, todos tenemos un valor relativo basado en lo que nos rodea. Gente que quizá no está donde tú estés podría llegar a ser lo que tú eres, si tuviera el mismo entorno que te dio forma a ti. Por favor, no cometas ese error fundamental de atribución al creer que otros no podrían ser mejores de lo que son o hacer las cosas mejor. Su situación les ha dado forma. No tienen una naturaleza fija e inmutable. Se los podría nutrir y remodelar. Incluso si tienen opiniones dogmáticas e inflexibles.

Lo mejor que puedes hacer es ver a los demás como te ves a ti mismo. Puedes cambiar. Tienes un potencial y una flexibilidad infinitos, al igual que los demás. Trátalos así. Ámalos, independientemente de si transgreden sus propias reglas personales o no. Luego dedica el resto de tu vida a convertirte en alguien capaz de remodelar las reglas de su entorno, para que ellos también puedan avanzar y crecer como tú lo has hecho.

PUEDES CAMBIAR, ESTÉS DONDE ESTÉS

He pasado la última década estudiando sin descanso cómo cambian los seres humanos. Mi búsqueda comenzó originalmente desde una perspectiva espiritual y continuó durante mis estudios de licenciatura y doctorado como psicólogo. Sigo estudiando las formas más efectivas y permanentes de lograr el cambio deseado.

El propósito de este libro no era escribir una obra exhaustiva sino proporcionar un conjunto de estrategias para acometer los cambios que deseas con mayor eficacia. Si has leído hasta aquí, sé que quieres algo más grande para ti. Quieres vivir de una manera más coherente con tus metas y ambiciones superiores. Quieres sentir que tienes el control de tu vida. Quieres transformarte a través de experiencias poderosas.

Desde muchas perspectivas diferentes, estoy completamente seguro de que la fuerza de voluntad no es un enfoque eficaz para el cambio personal. Espiritualmente, prefiero depender de mi poder superior que de mi propio poder. Motivacionalmente, prefiero depender del poder de mi PORQUÉ que de la fuerza de voluntad. Y desde el punto de vista del comportamiento, prefiero sustituir la fuerza de voluntad por un entorno favorable para el cumplimiento de metas.

¿Funciona la fuerza de voluntad a nivel superficial? Claro. Pero solo si te detienes ahí. Si sigues cualquier intento de desarrollar tu fuerza de voluntad hasta sus conclusiones lógicas, te destrozará. Al final, y en todos los casos, nos veremos obligados a adaptarnos a nuestro entorno o a cambiarlo por completo. Si una persona sigue siendo terca y con una voluntad fuerte, puede continuar con su enfoque de la fuerza de voluntad durante toda la vida. Pero será a expensas de todo lo demás, y se verá sometida a una lucha interna, propensa a la enfermedad y el estrés y sola. Su entorno la someterá. Por desgracia, este es el camino común para la mayoría de la gente. En lugar de vivir alineada con los valores a través del diseño de su entorno, la mayoría utiliza la fuerza de voluntad y finalmente se conforma con un entorno mediocre y en conflicto con sus aspiraciones.

Escribí este libro principalmente como un intento de probar que puedes cambiar. No eres una identidad fija, sino fluida. Y en realidad puedes cambiar de forma radical. Incluso inmediatamente. Pero nunca podrás conseguirlo si te concentras exclusivamente en ti mismo. La manera más honesta y poderosa de cambiar es mediante el aprovechamiento de tu entorno externo. Cuando haces un cambio brusco e intenso en el entorno, estás obligado a cambiarte a ti mismo.

Durante mi infancia y cuando estaba en el instituto, vi cómo la vida se me iba de las manos. Mis padres se divorciaron cuando yo tenía once años. A lo largo de la adolescencia, no tuve ninguna estabilidad. Sentía como si no hubiera nada a lo que aferrarse. Terminé con dificultad el instituto. El año siguiente lo pasé casi en su totalidad frente a una pantalla de ordenador jugando a *World of Warcraft*. Mi alimentación consistía en *pizza* Little Caesars y Mountain Dew.* Me había convertido en el producto de un entorno con el que estaba internamente en conflicto. Pero había atravesado por muchas vicisitudes y estaba empezando a conformarme y a convencerme de que «así es la vida».

Cuando tenía casi veinte años, decidí separarme gradualmente de mi entorno. Esto comenzó por salir solo a correr un par de veces por semana en mitad de la noche. Mi horario no cambió mucho: dormir y *World of Warcraft*. Pero esos periodos de correr a lo largo de la semana empezaron a cambiarme. Alejarme de las tentaciones y las emociones de mi entorno me permitía pensar con claridad. Era capaz de pensar en la vida que

---

* N. del T.: un refresco cítrico.

estaba creando para mí. Podía ver que me estaba amoldando a una vida que no quería. Era capaz de reflexionar sobre lo que quería ser y en el futuro que quería para mí.

Tras unos seis meses corriendo, que culminaron en un maratón en 2007, tomé la decisión de marcharme en enero de 2008, justo después de mi vigésimo cumpleaños. Necesitaba irme, hacer borrón y cuenta nueva, volver a empezar, crearme una nueva identidad. Sabía que no podía restablecerme por completo si me quedaba en casa. Ya había tratado de asistir a la universidad de la zona y no podía aguantar ni siquiera unas pocas clases. Terminé sirviendo en un programa de la iglesia en la otra punta del país. Dejé a los amigos, la familia, los juegos que me tenían enganchado e incluso las carreras estimulantes.

Algo cambió.

En mi nuevo entorno y papel, podría ser quien quisiera ser. Nadie sabía quién era. Durante dos años, toda mi misión consistía en ayudar incesantemente a otros, a menudo de orígenes mucho peores que los míos. Además, pasé incontables horas leyendo libros y escribiendo sin parar en mi diario. Mis estudios cimentaron mi determinación de convertirme en escritor.

Cuando volví a casa a los veintidós años, ya no encajaba en mi entorno anterior. Yo era diferente, y me sorprendió lo mucho que las cosas habían permanecido igual durante mi ausencia. Me lancé a la universidad, a trabajar y a leer todo lo que pude. Con mi nueva visión y mis nuevas destrezas, me licencié en tres años, empecé a salir con Lauren, me casé con ella y en 2014 entré en un prestigioso programa de doctorado sin presentar una solicitud formal. Durante ese tiempo, aprendí a trabajar con mentores cualificados y a sacarle el máximo partido a esas relaciones.

En enero de 2015, cuatro meses después de empezar mi programa de doctorado, a Lauren y a mí nos dieron el visto bueno como padres adoptivos y llegaron a nuestra vida tres hermanos de tres, cinco y siete años. Convertirse en padres de niños provenientes de un entorno difícil ha sido una experiencia transformadora para todos nosotros.

Aunque llevaba cinco años queriendo ser escritor profesional, mi vida era como un camión atascado en la nieve. No podía conseguir ninguna tracción para avanzar. Pero convertirme en padre adoptivo fue como llenar la parte trasera de mi camioneta con una carga de madera. Una vez que tuve el peso de esa responsabilidad, experimenté una inmediata sensación de urgencia.

En ese momento, para pagar mi matrícula y mantener nuestra familia de cinco, me veía obligado a realizar en el campus un trabajo que odiaba. La motivación creada por mi nueva situación como padre me dio el coraje de dejar mi posición universitaria para tener más tiempo y crear mi plataforma de escritura. Pensaba que era una inversión a largo plazo en mi carrera. Renuncié a mi trabajo y comencé a escribir en Internet en la primavera de 2015.

Nunca albergué la menor duda de que tendría éxito como escritor; no porque posea algún talento inherente, sino porque mi situación me exige tener éxito. Mi esposa y mis hijos dependen de mí. No solo eso, sino que también veo una gran necesidad en el mundo. Todos tenemos un enorme potencial. Si puedo hacer algo para ayudar a otros, lo haré. La necesidad es un gran motivador. Comparto mi historia como prueba de que los principios del libro funcionan. Puedes cambiar. Pero para ello debes cambiar tu entorno. Tienes que cambiar continuamente tu entorno cada vez que estés listo para subir de categoría, lo que espero se convierta en un patrón a lo largo de tu vida. Nunca dejes de evolucionar. Nunca dejes de transformarte por medio de la experiencia y las relaciones, ya sea con otros o incluso con tu poder superior.

Puedes hacerlo.

Dondequiera que estés, independientemente de con qué estés lidiando y de lo que te haya sucedido, puedes cambiar. Puedes vivir tus valores y tus sueños. Pero nunca lo conseguirás si dejas que tu mundo externo permanezca como es. Puedo asegurártelo. He visto a muchos tener dificultades para cambiar porque han puesto toda la presión sobre sí mismos. No funcionó. No puede funcionar.

Cuando cambies tu entorno, tú también cambiarás. Pero debe ser *tu elección*. Si alguien cambia tu entorno por ti, tus posibilidades de adaptarte a largo plazo serán mínimas. Aunque seas el producto de tu entorno, ese entorno debes decidirlo tú a propósito. De lo contrario, estarás viviendo de forma reactiva.

¿Estás listo?

AGRADECIMIENTOS

Este libro no sería posible sin la ayuda de un sinfín de personas. Estoy agradecido por toda la ayuda que he recibido de mentores, maestros, familia y amigos. En concreto, doy las gracias a Dios, por permitirme esta vida brillante y por estar siempre conmigo. Agradezco a mi esposa, Lauren, por dejarme vivir mis sueños y por ser mi eterna compañera. Agradezco a nuestros hijos, que me retan cada día a ser una mejor persona. Agradezco a mis padres, Susan Knight y Phil Hardy, y a mis hermanos, Trevor y Jacob, por proveerme de inspiración y amor incondicional. Agradezco a mis suegros, Kay y Janae, por su amor y apoyo financiero mientras creaba mi carrera como escritor.

Agradezco a Michelle Howry, mi editora de Hachette, por descubrir mi trabajo en Medium.com, por darme una oportunidad y por ayudarme a hacer de este libro lo que es. Estoy agradecido a Ryan Holiday por las obras alentadoras que ha escrito, por ayudarme a escribir mi propuesta de libro y conseguir a mi agente, y por contribuir en los procesos de creación y comercialización de este libro. Doy las gracias a Jimmy Soni por sus ideas editoriales y su ayuda, por todo el servicio que me ha prestado durante más de dos años y por ser un gran tipo. Estoy agradecido a Rachel Vogel, mi agente, por ayudarme a tomar decisiones inteligentes y por su apoyo emocional. También a mi asesora de investigación de posgrado, Cindy Pury, por ser paciente y comprensiva. Sé que no era un estudiante de posgrado convencional ni ideal. No podría haber pedido una consejera de posgrado mejor y más atenta. Estoy agradecido a Jeff Goins por su orientación y amistad mientras desarrollaba mi carrera literaria. Agradezco a Richard Paul Evans que me tutelase en mi escritura y en mi vida. Agradezco a Joe Polish y al equipo de Genius Network por ser increíblemente generosos en lo referente a mi éxito. Estoy agradecido a Joel Weldon por su maravillosa ayuda para ser un mejor orador y por su extrema generosidad en proveerme oportunidades de cambio de vida. Y a JR por ayudarme a encontrar el título de este libro. ¡Me has salvado la vida!

Estoy agradecido a Nate Lambert por su contribución en el desarrollo de mis habilidades literarias y por ser una de mis mejores amigas desde entonces.

Agradezco a Jeffrey Reber y Brent Slife lo que me enseñaron durante mi educación universitaria. Cambiaron mi forma de ver las cosas, y gran parte de este libro es el producto de lo que aprendí de ellos. Estoy agradecido a Michael Barker, Jane Christensen, Brian Christensen, Matt Barlow, Steve Down, Wayne Beck, Alan y Linda Burns, Mirinda Call y Richie Norton por ser mi sistema de apoyo y mi familia. Y a muchas más personas que no he mencionado específicamente, les doy las gracias. Me siento honrado y agradecido. Por último, doy las gracias a todos aquellos que han escrito obras que me han inspirado.

SOBRE EL AUTOR

Benjamin Hardy está cursando un doctorado en industria y psicología organizacional en la Universidad de Clemson. Desde finales de 2015, ha sido el escritor más destacado de Medium.com (plataforma de publicación de blogs creada por los fundadores de Twitter), donde escribe sobre superación personal, motivación y emprendimiento. Los textos de Benjamin son leídos por millones de personas cada mes. Vive en Carolina del sur con su esposa Lauren y sus tres hijos adoptivos.